CONTES EN VERS

IMITÉS DU

MOYEN DE PARVENIR

PAR

AUTREAU, DORAT, GRÉCOURT, LA FONTAINE, B. DE LA MONNOYE
PLANCHER DE VALCOUR, REGNIER, VERGIER, &C.

AVEC LES IMITATIONS

DE M. LE COMTE DE CHEVIGNÉ

ET CELLES

D'ÉPIPHANE SIDREDOULX

PUBLIÉS PAR

Un Membre de la Société des Bibliophiles gaulois

PARIS
LÉON WILLEM, ÉDITEUR
8, RUE DE VERNEUIL, 8
—
1874

CONTES EN VERS

IMITÉS DU

MOYEN DE PARVENIR

Cet ouvrage, publié comme complément à notre édition du *Moyen de Parvenir* (imprimée chez Claye en 1870-73) & tiré à petit nombre aux frais & pour le compte des soufcripteurs, n'a pas été mis dans le commerce.

MM. les Libraires soufcripteurs font prévenus qu'il leur est interdit de l'expofer à leurs vitrines & étalages.

*Exemplaire de M*_____

PRÉFACE

Très chers et précieux Lecteurs,

LE *bibliophile campagnard qui a donné l'élégante édition du* Moyen de parvenir, *dont le préſent volume eſt le complément naturel, n'a laiſſé rien à dire ſur ce livre de haulte greſſe, ni ſur ſon auteur, lequel eſt bien (ainſi qu'il le démontre ex profeſſo) le bon chanoine de Tours, François Béroalde de Verville.*

A coup ſûr, le Moyen de parvenir *ne paſſera jamais pour une œuvre édifiante, & n'entrera dans le programme d'aucune maiſon d'éducation, ſi gratuite, obligatoire & laïque qu'on la ſuppoſe. Les maris malheureux, les curés libertins & les moines licencieux y tiennent une trop grande place. L'épigramme ne leur y eſt point ménagée; mais eſt-il* bien à propos de se scandaliser aujourd'hui, au sujet de ce recueil plaisant, & de crier bien haut : Raca ! au facétieux chanoine. Son plus grand tort fut de peindre un peu trop crûment les mœurs relâchées de son siècle. Aujourd'hui, ses flèches les plus acérées tombent dans le vide : telum imbelle sine ictu ! ses tableaux graveleux sont devenus des peintures historiques. De nos jours, la morale n'est plus outragée comme elle l'était autrefois ; puisque personne n'entre dans les ordres que de son plein gré. Les moines ne sont plus des ogres affamés de chair vive, & c'est à peine si quelques prêtres indignes apparaissent, rares exceptions, dans les rangs d'un clergé qui donne l'exemple de l'instruction, de la morale & des vertus.

Pourquoi donc ne pas rire en toute sécurité aux images de vices antédiluviens ? Pourquoi ne pas nous donner sans remords la comédie du passé, devant ce musée satyrique, dont les tableaux ont, pour une large part, contribué à l'anéantissement d'abus, dont ils furent la critique la plus amère & la plus sanglante ?

Rions donc, mes frères : Le rire est comme le bon vin qui réjouit le cœur de l'homme : Cor hominis lœtificat, nec mulieris contristat !

Ne vous semble-t-il pas que je prêche ? & en vérité, mes frères, voici que je parle latin d'évangile ! — Ce que c'est pourtant que les affinités secrètes ! J'écris ces lignes sur les ruines d'un ancien prieuré.

Préface.

Si je m'abandonnais au cours de la rivière qui les baigne, j'irais aborder à Chinon; je n'aurais pas bien des lieues à faire pour apercevoir, du haut des collines, la vallée verdoyante où s'attarde la Loire & l'élégant clocher de Saint-Gatien. Euſſé-je vécu quelques ſiècles, quelques luſtres, quelques olympiades, quelques années, quelques ſaiſons, quelques mois, quelques lunaiſons, quelques ſemaines, quelques jours, quelques heures, quelques minutes, quelques ſecondes, quelques tierces & quelques ſauts de puce plus tôt, j'aurais pu aller entendre la meſſe de maître François Rabelais & chanter vêpres avec maître François Béroalde; que Dieu les tienne éternellement en ſa joie! J'aurais pu, à la dextre de l'un, à la feneſtre de l'autre, m'aſſoir, convive indigne, en ce glorieux & immortel ſympoſe où furent édictés, pour la conſolation des temps paſſés, préſents & futurs, ces grands, petits, joyeux, féconds, myſtiques, prodigieux, fantaſques, ſupernels, cornucopieux & ſuperlificoquentieux propos qui compoſent l'entité, la ſubſtance & la moelle inépuiſable de l'immortel Moyen de parvenir.

La tardiveté de ma naiſſance, dont je ſuis d'ailleurs loin de me plaindre, m'ayant deſtitué de cette joie, j'ai voulu, chers & bénévoles lecteurs, me faire & vous faire tous participants d'une autre & non moins profitable eſjouiſſance. Je ſuis deſcendu dans les arcanes poudreux des bibliothèques & librairies, évoquer les mânes & compulſer les reliques ſpirituelles de ceux qui, pour n'être pas nés en temps utile, ont été privés, comme vous & comme moi, d'affifter à ces plantureufes agapes; mais qui, par leur gauloiferie, par les infpirations de leur mufe conteufe, euffent été dignes d'y faupoudrer le fel & le poivre de leur gorgiafe éloquence. Or, chacun d'eux eft venu à fon tour, apportant qui un trait, qui une fentence, qui une épigramme, qui un conte guilleret, le tout rimé, verfifié & affaifonné à point, dont le fujet, emprunté au Moyen de parvenir, avait été habillé au ftyle & à la mode de chacun. — Une foule de conteurs français, à la fuite & à l'imitation de l'inimitable bonhomme Jean de La Fontaine, ont débité tour à tour leur râtelée, riant & faifant rire les autres, comme un cénacle de mouches qui ont bu trop de lait, & me faifant moi-même béatifiquement ébaudir avec eux. Plus il en venait, plus ma bouche s'élargiffait de joie, plus mes membres se tordaient à force de gaîté; plus mon gros ventre panfu faifait treffaillir & bondir fes tripes, de fine rage riante, criante & baudouinante, à faire éclater toutes les boutonnières; à faire jaillir tous les boutons de mes pauvres chauffes & de mon infortuné pourpoint.

A force d'en venir, il en eft venu tant, qu'il aurait fallu non-feulement un gros, grand, long, large & épais volume; mais vingt, mais trente regiftres infolio, mais toute une bibliothèque, pour enregiftrer à la file leurs bonnes bourdes & fanfreluches antidotées. Les pareils contes fe fuffent trouvés infiniment trop répétés, je n'ai confervé le même récit rimé par plufieurs mufes diverfes, que par exception & lorfqu'il préfentait de notables différences, ou quand je ne favais, entre deux contes, auquel donner la palme. Quant au refte, il a bien fallu, non fans regret, me conformer au confeil que le fabulifte me gliffait à l'oreille :

Loin d'épuifer une matière,
Il n'en faut prendre que la fleur.

Dans ce parterre, où cent conteurs ont reffemé les gaillardes fleurs de Béroalde, j'ai trié les plus duifantes & les mieux épanouies. C'eft La Fontaine, Grécourt, Dorat, Autreau, Van den Zande, le comte de Chevigné & bien d'autres, qui m'ont fourni cette joyeufe guirlande.

Déjà femblable revue avait été paffée au xviie fiècle ; mais on avait négligé de mettre au bas de chaque conte le nom de fon auteur. La recherche de ces noms m'a fouvent coûté autant de travail que s'il eût fallu retrouver la pièce recueillie par mon prédéceffeur. Il en eft quelques-unes qui fe font obftinées à garder l'anonyme. Toutefois, j'ai cru reconnaître, dans la plupart de ces dernières, la touche mordante, mais un peu lourde, de l'érudit & fpirituel Bernard de La Monnoye.

Non content d'ajouter les conteurs modernes à ceux du fiècle dernier, je fuis allé jufque chez les poëtes antérieurs à Béroalde, dénicher certains bons contes qu'il leur avait empruntés.

J'y ai joint trois pièces en vers du bon chanoine. Leur ton plaisant atteste la tournure de son esprit, & confirme sa paternité du livre que certains lui voudraient injustement dénier. Enfin, son ami & compagnon, Guy de Tours, m'a prêté ses épigrammes, qu'il était impossible de passer sous silence, puisque La Monnoye en parle (avec un dédain peu juste, à mon avis) en terminant sa dissertation sur le Moyen de parvenir.

Tel est le bouquet que je vous apporte, très chers & très précieux lecteurs! Puissiez-vous trouver à le respirer le même plaisir que j'ai eu à en rassembler les fleurs; si elles ne sont pas sans épines, elles ne sont pas non plus sans parfum.

Et sur ce, tenez-vous en gaîté, les pieds au soleil, la tête à l'ombre, buvez d'autant & du meilleur si c'est possible; enfin, si par cas ce livre vous a causé un quart d'heure de bon rire, n'oubliez de vider en plus un verre à la santé du bibliophile gaulois.

Et que Dieu vous le rende, bénévoles lecteurs.

CONTES IMITÉS

DU

MOYEN DE PARVENIR

Les chiffres placés au-dessous de chaque titre indiquent : le premier, le volume ; le second, la page où se trouve le conte original dans l'édition du MOYEN DE PARVENIR, publiée par un BIBLIOPHILE CAMPAGNARD. Paris, Léon Willem, 1870-1872, 2 vol., in-8° couronne.

LA BELLE IMPÉRIA.

(I. 22)

L E beau pays que l'Italie!
Son air eſt doux, ſon ciel eſt bleu;
Et, ſur cette terre de feu,
Force eſt d'aimer à la folie,
D'adorer ou la femme ou Dieu.

Hélas! trop ſouvent pour nos âmes,
Nos cœurs légers s'en vont aux femmes,
Comme les mouches vont au miel,
Et, même à la porte du ciel,
Se laiſſent piper par les dames.

Rome, ce feuil du paradis,
Cette ville papale & fainte,
Sous Jules trois & Léon dix
Aurait fait envie à Corinthe :
Le palazzo, l'ofteria,
Tout regorgeait de courtifanes.
Parmi ces déeffes profanes,
Brillait surtout Impéria.
C'était la belle entre les belles,
Ses appas étaient fans rivaux;
Même parmi les cardinaux
Elle trouvait peu de rebelles,
Tant elle avait d'inventions,
D'attraits, de fcience profonde,
De diaboliques tourdions
Pour féduire & damner le monde.
C'était chaque jour, chaque nuit,
Nouveau moyen, nouveau déduit.
Par quoi chaque amant de paffage,
Tantôt berné, tantôt féduit,
Riait d'abord s'il était fage,
S'il était fot reftait vaincu.

Un foir, au prix de maint écu
(Mille, dit-on, payés d'avance),
De Lierne, ambaffadeur de France,
Eut une nuit d'Impéria.
Senfible à fi noble conquête,
Pour lui la belle déploya

Ses plus brillants atours de fête.
Grand luminaire, souper fin,
Lit de brocard & de satin,
Coquette & légère parure
Voilant à demi la nature
Pour mieux exciter les désirs,
Yeux animés par la luxure,
Gorge provoquant aux plaisirs,
Corps apte & duit à la manœuvre
Des excercices de Vénus,
Baisers donnés & retenus,
Impéria mit tout en œuvre
Pour plaire au généreux Français.
Après trois ou quatre succès
Remportés non sans escarmouche,
Comme ils demeuraient bouche à bouche,
Plongés dans le ravissement
D'une extase ardente & muette,
Un éclatant crépitement
Sortit du fond de la couchette.
— Ah! peste! s'écria l'amant,
Quel tarantara de trompette!
Cela promet de la civette.
Le gaillard doit sentir son fruit
S'il a l'odeur pareille au bruit!
Je vois qu'une putain romaine,
Comme une française est sans gêne.
— Il en peut être ainsi chez vous,
Dit Impéria; mais chez nous

Une nourriture choisie
Nous fait diſtiller l'ambroiſie.

En parlant, elle ouvre les draps,
Et tout à coup une odeur d'ambre,
S'exhale en parfum dans la chambre.
De Lierne la preſſe en ſes bras
Pour faire oublier ſon offenſe;
Et bruits alors de retentir,
Parfums de ſe faire ſentir,
Et de Lierne, ſans rien comprendre
A ce charmant bombardement,
A plein nez aimait à le prendre.
Qu'était-ce donc? Tout ſimplement
Petits ballons remplis d'avance
De la plus délicate eſſence,
Qu'Impéria, ſubtilement,
D'un petit coup, avec adreſſe
Faiſait éclater ſous ſa feſſe.

Après maints ébats on s'endort,
Quand un coup de foudre qui ſort,
En ſurſaut réveille de Lierne.
Sous la courtine il met le né
Pour mieux flairer le nouveau-né.
Il aſpire... Ah! ſois-je damné,
Si jamais ſoufre de l'Averne,
Soupirail puant de l'enfer,
D'odeur plus forte embauma l'air!

— Bran ! s'écria-t-il. Par saint George,
J'en ai jufqu'au fond de la gorge.
Jamais ne fus tant infecté.
Dans le lit le diable a fienté.
— Foin ! dit la dame peu marrie,
M'allez-vous intenter procès
Pour cette autre galanterie ?
Je vous ai fait un vent français
Pour vous rappeler la patrie.

Epiphane Sidredoulx,
Préfident honoraire de l'académie
de Sotteville-lez-Rouen.

LES CERISES.

(т. 25)

'INVENTION eſt un préſent céleſte,
Ah! j'en conviens : je ſuis admirateur
De tout eſprit fertile & créateur :
Mais ce lot manque : un autre encor nous reſte :
Eh! quel eſt-il? C'eſt, puiſqu'il faut opter,
Celui qu'avoit ce bon Jean La Fontaine,
De bien choiſir & de bien imiter.
Il prit par-tout pour enrichir ſa veine :
Oui; mais, comment! il ſçut tout embellir :
Original, lorſqu'il n'eſt que copie,

Sur ſes larcins il ſouffla ſon génie :
Le bien qu'il prend lui ſemble appartenir.
Il a volé l'Eſclave de Phrygie,
Phèdre & Pilpai; tant mieux pour ſes lecteurs :
Ces meſſieurs-là ſont d'aſſez froids conteurs.
Ils ſeroient morts, il leur donna la vie,
De leur couronne il rajeunit les fleurs.
Puiſſé-je ainſi, de quelque mine antique,
Sans nul travail, extraire des brins d'or;
Et, ſçachant plaire, en dépit du critique,
Des fonds d'autrui, compoſer mon tréſor :
Créer, fatigue ; & polir nous amuſe.
Je ſens déjà que ce prélude-ci,
Où je vais ſeul, fait haleter ma Muſe,
Prenons un guide, & que Jean dans ceci
Soit mon modèle, & ſur-tout mon excuſe.
Pour marcher ferme, il me faut un appui.
A moi, Verville! Il fut prêtre & chanoine,
Hardi bavard, chaſſant au loin l'ennui.
La gaîté fut ſon plus ſûr patrimoine :
Dieu le béniſſe & contons d'après lui.

Las des catins, & du bruit de la ville,
Meſſire Arnoult s'en étoit retourné
Dans ſon château par la Sarte baigné,
Et s'élevant ſur un ſite fertile,
Devers Angers : il avoit emmené,
Car il faut bien meubler ſon domicile,
Nombre d'amis; un prieur fortuné,

Très-rond de panſe & d'eſprit très-borné,
En ce point ſeul conforme à l'Évangile;
Puis un abbé, d'humeur fade et civile,
Cherchant en cour quelqu'heureux débouché,
Poupin ambré, grand-vicaire inutile,
Dans l'Œil-de-Bœuf lorgnant un évêché :
Un jeune peintre, un apprenti Corrége,
Qui devoit là barbouiller des plafonds,
Bref, un Manſard ſçachant Laugier à fonds,
De mons Arnoult, tel étoit le cortége.
Ajoutez-y les gens des environs,
Trois bernardins oiſifs du voiſinage,
Un financier, très-maſſif perſonnage,
Au poids de l'or payant des rigaudons,
Et déjà vieux ſans en être plus ſage.
Jugez du train qu'on mène en ces cantons.
L'excellent gîte! on y paſſe la vie,
Entre le jeu, la chaſſe & les feſtins.
Le gros prieur & les trois bernardins,
Oublioient là toute la liturgie,
Le rituel, & ſe moquoient des ſaints,
Tous pauvres ſots, morts de mélancolie.
Le châtelain avoit pour ſon fermier,
Certain Guillaume, un ſerviteur fidelle,
Qui, pour ſon compte, avoit fille ſi belle,
Qu'à mes couleurs je n'oſe me fier
Pour vous la peindre; en tout c'eſt un modèle.
De cent tréſors ornant la paſtourelle,
Il en eſt cent qu'on craindroit d'oublier.

Seize ans, au plus, c'eſt l'âge de Laurette,
Age des ris & des premiers défirs :
Un ſein naiſſant, connu des ſeuls zéphirs,
Enfle déjà ſa ſimple collerette
Et ſemble aller au-devant des plaiſirs.
Dans les deux mains on tiendroit ſon corſage
Libre d'atours, d'ornemens empruntés ;
Pour modeler de céleſtes beautés,
Jadis le Guide eût choiſi ſon viſage.
Dans ſes regards reſpire la candeur,
Quand elle rit, c'eſt ſon âme qui s'ouvre.
A chaque inſtant l'œil ravi lui découvre
Des charmes vrais, image de ſon cœur,
Elle n'a point les diſcours du village :
Le ſentiment, par des avis ſecrets,
Conduit ſa voix, épure ſon langage,
Et la nature, en formant ſes attraits,
Sçut aſſortir l'eſprit avec les traits,
De peur que l'art ne gâtât ſon ouvrage.
De tout cela, que faire ſans l'Amour,
Fille eſt le bloc, il eſt le Prométhée :
Sans lui tout dort, ſans lui nymphe attriſtée
Rêve au ſommeil au milieu d'un beau jour.
Notre bergère, au ſeul inſtinct ſoumiſe,
Ne rêve point, & veille de bon cœur
Pour ſon André, qu'elle aime avec franchiſe,
Sans trop ſçavoir le but de ſon ardeur.
Elle a raiſon : André de ſon village
Eſt le moins riche & le plus vertueux,

Bon travailleur, vrai meuble de ménage,
Toujours chantant & toujours amoureux;
Dans l'univers il ne voit que Laurette;
Les fleurs des champs naissent pour la parer,
L'astre du jour brille pour l'éclairer.
Sous le gazon, s'il sent la violette,
Sa belle approche & vient de respirer.
Vers la moisson, dans la plaine il la guette.
Sur les épis vient-elle à s'assoupir?
L'amant est là; l'amante satisfaite,
A son réveil trouve sa gerbe faite.
André l'embrasse, & Dieu sçait quel plaisir!
Pareil baiser est licence permise.
Le protecteur de Laurette & d'André,
L'Amour bientôt, en face de l'église,
Doit les bénir par la main d'un curé.

Finiras-tu? Peste soit de la Muse!
Au fait, au fait, va crier le lecteur.
Tant qu'il voudra; j'écris ce qui m'amuse.
Le bavardage est permis au conteur;
Chacun le sçait, c'est mon droit & j'en use.

Pour revenir, Guillaume un beau matin,
Dans un verger va cueillir des cerises
A courte queue, en leur forme bien prises,
Mûres de reste & venant à la main.
A son seigneur c'est un don qu'il veut faire.
On voit d'ici quelle est la messagère;

Les Cerises.

Et le préfent doit y gagner : enfin
Dans un panier Laurette les arrange,
De fa main blanche avec foin les choifit,
En les touchant encor les embellit,
Et n'y veut point fouffrir aucun mélange.
Le bon Guillaume à l'ouvrage applaudit.
Le panier plein, un autre foin occupe
Notre bergère : elle court revêtir
Son jufte rouge, & fa plus belle jupe,
Voile fon fein qu'on voudroit découvrir;
A fon chapeau, treffé dans la femaine,
De frais rubans mêle encor les couleurs,
Et va laver fon teint dans la fontaine
Qui dans fes eaux croit recevoir des fleurs.
Prête à partir, elle vole à fon père :
Guillaume rit, ne fe poffède pas;
Il fe rengorge en voyant tant d'appas,
Cent fois la baife; & l'agile bergère
Vole au château, la corbeille à fon bras.
Que de gaîté dans fes yeux étincelle !
Son jupon court flotte aux zéphirs livré :
Plus ajuftée elle fe croit plus belle,
Et voudroit bien rencontrer fon André.

Laurette arrive, & demande audience.
Dans le falon on s'étoit transporté.
On introduit Laurette, elle s'avance
En rougiffant, & fait la révérence.
Sa grâce naît de fa timidité.

La vérité parle dans son silence.
Arnoult lui dit : Bonjour, la belle enfant.
Elle offre alors son rustique présent,
Baisse ses yeux où règne la décence,
Rougit toujours & s'embellit d'autant.
Plus on la voit, & plus on se récrie :
A droite, à gauche on entend murmurer :
Comme elle est fraîche & comme elle est jolie !
Messires loups sont prêts à dévorer ;
Et les désirs gagnent la compagnie.
— Par la corbleu, disoit un bernardin,
Que ce mouchoir doit cacher un beau sein !
Le peintre avoit une Vénus à faire :
D'un prix honnête on étoit convenu,
Le temps pressoit ; Laurette est son affaire :
Il voudroit bien dessiner sur le nu.
Arnoult l'entend, & goûte son envie.
— Hé bien, mon cher, il faut vous contenter.
Tous d'applaudir, le prieur d'insister.
— Le nu, dit-il, aide fort au génie :
Monsieur le peintre a raison d'en tâter.
Chacun en veut passer sa fantaisie,
Et l'abbé seul semble encor résister.
— Que dira-t-on en cour d'un tel scandale !
Où sont les loix & le respect humain ?
Pour être évêque & faire son chemin,
Il prétendoit qu'il faut de la morale.
Avec éclats on rit du prestolet.
Les bernardins veulent que l'on se presse,

Et que le jeu commence avant la meſſe.
Voilà parler. On propoſe le fait
A la bergère : elle s'indigne, pleure,
Et cherche à fuir cette horrible demeure :
La malheureuſe eſt priſe au trébuchet.
On ferme tout, & même on la menace.
Aux pieds d'Arnoult elle tombe en tremblant.
Baigne de pleurs ſes genoux qu'elle embraſſe.
Sa beauté nuit à l'accommodement.
La pitié naît, le déſir la remplace,
Et ce dernier eſt toujours exigeant.
Que peut, hélas ! tout l'effort d'une fille ?
Sur ſon refus on vous la déſhabille
Du haut en bas : ſon chapeau détaché
Laiſſe flotter ſa longue chevelure.
De ſon beau ſein le voile eſt arraché,
Et ſon pied nu cherche en vain la chauſſure.
Ce voile enfin ſi cher à la pudeur,
Que l'hymen ſeul lève d'une main pure,
Reſte en trophée à la main du prieur.

O Titien, vous Corrége & l'Albane,
Jamais, jamais votre brûlant pinceau
N'a rien tracé, rien produit de ſi beau
Que ce qu'ici voit la bande profane,
Indigne, hélas, d'un auſſi doux tableau.
La nudité n'exclut point la décence.
Peins-toi, lecteur, un corps ſvelte & charmant,
Cet incarnat, le fard de l'innocence,

Qui fe marie à l'albâtre éclatant,
Mille tréfors qu'on admire en filence,
Spectacle fait pour les yeux d'un amant.
Déjà Laurette a vu fleurir cet âge
Où des beautés l'accord eft plus touchant,
Où la nature a fixé leur moment,
Et, fans pouvoir leur donner davantage,
Vient aux amours confier fon ouvrage,
Pour l'animer des feux du fentiment.
De nos meffieurs la troupe libertine
N'y cherche point tant de raffinement.
Mais devinez ce qu'Arnoult imagine?
Non, Belzébut n'eut point fait autrement.

On fe fouvient des fatales cerifes :
Sur le tapis il les fait difperfer.
Pour ta pudeur quelles horribles crifes,
Pauvre Laurette! il faut les ramaffer;
L'une après l'autre il veut qu'elles foient mifes
Dans le panier. Et comment réfifter?
Elle n'eft point en habit de défenfe :
Malgré fes pleurs, l'exercice commence.
Arnoult commande, il faut exécuter.
Elle fe baiffe, & recule & s'avance,
A droite, à gauche ; elle va, vient, revient,
Montrant toujours ce qu'à peine on obtient
Avec l'amour & la perfévérance ;
Tous ces attraits d'une jeune beauté,
Les lis du fein & ces rofes naiffantes,

Les Cerises.

Qui femblent poindre à chaque extrémité ;
Ces frais contours, ces formes féduifantes,
Dont l'œil eft ivre & le cœur enchanté.
Deux de ces fruits qu'a difperfés la belle,
Pleins, arrondis, & fi vermeils enfin,
Qu'on les croiroit détachés de fon fein,
Sur le tapis avoient roulé loin d'elle;
Elle ne fçait comment les rattraper,
Hafarde un pas, puis deux, s'arrête, héfite,
Touche le but, s'en éloigne bien vite,
Sert les regards, en voulant les tromper.
Un certain Dieu qui rit de l'efcapade,
La mène ainfi de Carybde en Scylla.
Elle ne peut éviter l'embufcade,
Se cache à l'un, s'expofe à celui-là.
Fuit-on l'abbé ? les bernardins font là.
Chaque tréfor dont s'embellit Laurette,
Quoi qu'elle faffe eft cent fois reproduit
Sous tous les fens : le charme qu'on regrette
Eft éclipfé par le charme qui fuit.
L'œil du prieur eft ardent de luxure.
— C'eft, difoit-il, un vrai plaifir d'élus.
Le fin régal ! la charmante aventure !
Je n'en voudrois tenir cent bons écus.
Un bernardin en met cinquante en fus.
L'enchère va : celui-là, puis cet autre,
Selon l'état, propofent moins ou plus.
Quant au prélat, il fait le bon apôtre,
Lorgne en deffous d'un œil demi-confus.

— Je voudrois bien, difoit notre architecte,
Lever un plan & bâtir là-deſſus.
Le peintre enfin, d'une main circonſpecte,
Prend gravement le trait de ſa Vénus.
Certain valet, dans certaine embraſure,
Sent plus qu'aucun l'aiguillon du déſir,
Et libéral, ſous un habit de bure,
A dix écus met ſa part de plaiſir.
Le financier n'eſt pas moins énergique :
Il faut le voir aſſis dans ſon fauteuil,
Se démener & galoper de l'œil
Sur ce beau corps : — Non, dit le vieux cynique,
Je n'ai rien vu de cette force-là
En nudité, pas même à l'Opéra.
En connoiſſeur, il juge, il apprécie :
Il donne tant pour la chute des reins,
Tant pour le pied, tant pour les deux tétins,
Tant... l'on devine; il n'eſt rien qu'il oublie.
A chaque geſte, il riſque du ſurplus,
Et ſon écot ſe monte à mille écus.

Mais le panier ne s'emplit point encore ;
Et cependant regards d'aller leur train.
Pauvre Laurette! ah! quel eſt ton deſtin?
Moine & prieur, tout cela te dévore.
Ruiſſeaux de pleurs inondent ſon beau ſein
Et ſon panier : tels les pleurs de l'Aurore
Baignent les fruits & les fleurs au matin.
— Conſole-toi, va, ton honneur te reſte,

Tu feras pure aux yeux de ton amant.
De l'innocence, ô suprême ascendant !
Laurette nue est encore plus modeste,
Et sa pudeur lui sert de vêtement;
Arnoult lui-même, Arnoult, dans ce moment,
Laisse attendrir son âme de corsaire :
Il voit sa faute & sa honte l'éclaire :
Son cœur se trouble & s'ouvre au sentiment.
A tous les yeux il cache la bergère,
Fait rapporter ses champêtres habits,
Et, s'adressant aux spectateurs surpris :

— Morbleu, dit-il, l'œil brûlant de colère,
Me prenez-vous pour votre appareilleur,
Votre plaisant ou votre pourvoyeur ?
C'est là vraiment un joli personnage.
Pour régaler vos appétits ardents,
Pensez-vous donc qu'ici je vous ménage
Sérail meublé de filles de quinze ans ?
Non, messieurs, non, trêve de convoitise.
Pour expier ses lubriques désirs,
Chacun paiera la taxe qu'il s'est mise :
J'ai retenu le taux de vos plaisirs.
Réalisons. Que la foudre m'abîme
Si quelqu'un sort sans m'avoir satisfait!
Vous-même avez prononcé votre arrêt.
Résignez-vous, & réparez mon crime.

Le prieur gronde & veut représenter,

Que dans Paris, plein de nymphes gentilles,
A pareil taux on ne met point les filles,
Et qu'à bien moins on peut se contenter.
Alors Arnoult en furieux s'approche
De son armoire & prend des pistolets.
Ce geste opère, il a de prompts effets :
Chaque assistant met la main à la poche.
Le bernardin, procureur du couvent,
Le gros prieur, le cynique traitant,
Vieux émérite échappé de Cythère,
Tous, sans délai, viennent payer comptant
A maître Arnoult leur taxe volontaire,
Et ce valet, qui lorgnoit à l'écart,
Comme eux aussi vient consigner sa part.
Pour notre abbé, soi-disant grand-vicaire,
Il déposa ce que, vu son état,
Pour ses amours doit payer un prélat.
On a taxé jusques à l'architecte,
Qui ne pouvoit répondre des hazards :
Le peintre seul, dont la bourse est suspecte,
Se trouve exempt en faveur des beaux-arts.

Arnoult se juge, & lui-même s'impose,
Joint ses deniers à ceux qu'il a reçus,
Et, nourrissant les sommes qu'on dépose,
Porte le tout jusqu'à deux mille écus,
Puis, à Laurette, en tremblant les propose.

— Garde ton or, dit-elle, corrupteur ;

Je ne veux point de ton affreux falaire.
Je viens à toi comme à mon protecteur,
T'offrir les dons que peut offrir mon père :
Je crois en toi voir un dieu tutélaire ;
Et, quand tu dois refpecter ma candeur,
Ta lâcheté s'arme de ma foibleffe,
Pour outrager, pour flétrir ma jeuneffe,
Pour me forcer au dernier défhonneur !
J'ai donc perdu les fruits de ma fageffe !
Tu m'as rendue indigne pour toujours,
Du regard pur du feul mortel que j'aime.
Tu m'as rendue odieufe à moi-même :
Hélas ! pour moi, plus d'André, plus d'amours !

Ses pleurs alors, coulent en abondance :
De ce féjour elle s'arrache enfin
En fanglotant : Arnoult la fuit en vain ;
La crainte donne un vol à l'innocence.
A l'inftant même il fait venir André.

— On te dit pauvre, & de plus honnête homme,
Laurette t'aime, emporte cette femme :
Que votre hymen ne foit plus différé.
Mais jure-moi qu'avant ton mariage,
Tu cacheras le bien que je t'ai fait ;
Tel eft mon ordre, & c'eft ton avantage.
Va, fois heureux, & fur-tout fois difcret.

Je peindrois bien André dans le délire,

Aux pieds d'Arnoult, ravi, croyant rêver ;
Mais, comme on sçait ce qui doit s'obferver,
En pareil cas, il vaut mieux n'en rien dire,
Il va chez lui dépofer fon argent,
Et court de là chez fon futur beau-père,
Pour le prier d'être plus indulgent.
Et de hâter un hymen qu'il diffère.
Jamais André ne fut plus éloquent.
De fon ardeur il obtient le falaire.
Trois fois déjà, Laurette en rougiffant,
Voulut trahir fa honte involontaire,
L'Amour trois fois lui dit de n'en rien faire.
André la preffe, elle aime, elle confent,
Et quelle fille auroit fait le contraire ?
Le lendemain doit finir leur tourment.

Le lendemain, quand la cérémonie
Fut achevée, André ne s'en tient plus,
Se pâme d'aife & vite à fon amie
Dit le fecret de fes deux mille écus.
Lui nomme Arnoult, & bénit fes vertus.
Laurette fent, à ce nom qui l'outrage,
Le vermillon lui monter au vifage ;
Mais fon bonheur la confole de tout ;
André bientôt fait oublier Arnoult.
De fon panier & de fon avanie
Comme on le voit elle ne conta rien :
Fit-elle mal ? Je dis qu'elle fit bien.
De fon amant pourquoi troubler la vie ?

Pourquoi rifquer fon bonheur & le tien?
Quoi que prieur & moines aient pû faire,
Heureux André, cette rofe eft entière.
En la cueillant, ajoute à fa beauté !
Deux mille écus, femme qui fçait fe taire,
Voilà ton lot, on ne t'a rien ôté.

Dorat.

LES CERISES.

(I. 25)

CERTAIN feigneur, le nom n'importe guère,
Étoit l'effroi, la terreur du pays :
Hardi quiconque eût ofé lui déplaire ;
Perfonne auffi ne l'auroit entrepris
Impunément. Pour n'avoir point de guerre,
Voifin n'étoit, qui ne lui fît la cour.
Pour fes ébats, il pointoit fur fa tour
Des fauconneaux, attendant en liefſe
Le voyageur; puis, fans lui faire mal,
De deffous lui vous tiroit fon cheval :
Le tout pour rire & montrer fon adreffe,

Les Cerises.

Or, il advint, un jour, que fon fermier,
Par cas fortuit, ayant tout le premier
De fon jardin recueilli des cerifes,
A fon feigneur les deftine auffi-tôt.
Dans un panier d'abord elles font mifes
Bien proprement, & clofes comme il faut ;
Puis cela fait, il enjoint à fa fille
D'aller en bref les porter de fa part
Audit feigneur. Marciole s'habille
Incontinent, met fon corps de brocard,
Et fes atours. Plus délié corfage
Ne fe vit onc; aux traits de fon vifage,
A la fraîcheur, à l'éclat de fon teint,
Vous n'euffiez dit qu'elle eût dans le village
Paffé la vie. Elle n'avoit atteint
Seize ans encor : fillette de cet âge,
Aux champs du moins, paffe ordinairement
Pour fruit nouveau ; c'eft hazard à la ville.
Le bon fermier fit un tour d'homme habile
De la choifir ; meffager fi charmant
A fon préfent donnoit un grand mérite;
C'étoit pour être agréé fùrement.
La belle part, bien & duement inftruite,
Et répétant fon petit compliment
Par le chemin. Voilà donc Marciole
Et fon panier arrivés au château
Joyeufement, efpérant bien & beau
Ne faire pas un voyage frivole:
Comme verrez auffi dans un moment,

Pas ne conçut une vaine efpérance.
Marciole entre, & fort civilement
Fait au feigneur profonde révérence.
— Bonjour, dit-il. Mon Dieu, la belle enfant!
Qu'elle eft jolie! Eh bien, quelle nouvelle?
Qu'apportes-tu de bon? — C'eft, monfeigneur,
Un peu de fruit que mon père a l'honneur...
— Vraiment, dit-il, interrompant la belle,
Voilà du fruit bien mûr pour la faifon;
A peine encor le mois de mai commence.
Holà, laquais, apporte en diligence
Les plus beaux draps qui foient dans ma maifon :
Puis promptement me les étends par terre.
On accomplit fon ordre en peu de tems,
Sans toutefois que nul des affiftans
Pût dès l'abord comprendre ce myftère
Aucunement. Meffire le feigneur,
Draps étendus, fe tournant vers la fille :
— Allons, dit-il, fus; qu'on fe défhabille,
Et promptement. Une rouge pudeur
Monte auffi-tôt au front de la pauvrette,
Pleurs de couler, on réfifte d'abord;
Mais le feigneur menaçant la fujette,
Lui fait bientôt rengaîner fon effort;
Car lui lançant des regards effroyables :
— Je vais, dit-il, faire venir les diables,
Si vous ofez un moment réfifter.
A ce difcours, Marciole tremblante
Ne fe le fit pas deux fois répéter.

Les Cerises.

De prime abord on commence à quitter
Chauffure & corps d'une main diligente,
Et puis la jupe, & puis le cotillon,
Puis la chemife ; ici le vermillon
De deux bons tiers fur fon vifage augmente ;
Jà le friffon lui prend pour fon honneur.
Ce ne fut tout ; par ordre de monfieur,
Force lui fut de femer les cerifes
Deçà, delà, fur le linge apprêté :
La pauvre fille, en cette extrémité,
Eut voulu lors avoir quatre chemifes
L'une fur l'autre. Or il eft à noter
Que ce jour-là, pour comble de difgrâce,
Ledit feigneur avoit fait inviter
Gentilfhommets de la petite claffe,
Et fes voifins pour manger de la chaffe ;
Notre fillette étoit de ce repas
Le meilleur plat. Charmés de tant d'appas,
Vous euffiez vu les paillards en extafe,
Être tout yeux, & leurs goulus regards,
Sur ce beau corps errans de toutes parts,
Le dévorer. Je ne fçais point de phrafe
Pour exprimer leurs doux raviffemens,
Je le crois bien ; voir ainfi toute nue
Jeune poulette avec tant d'agrémens,
Si fine peau, fi blanche, fi dodue.
A mon avis, dans de pareils momens,
Fermer les yeux feroit grande folie,
Tant feulement fur un beau fein d'émail,

Deux petits monts de neige & de corail
Interrompoient cette glace polie;
Mais parmi tout ce qui pouvoit charmer,
Des conviés nul ne se rassasie
D'un certain point que je n'ose nommer.
On dit à tort qu'en tout la poésie
Doit imiter la peinture & ses traits.
Que de beautés! que de charmes secrets
Cachent mes vers! qu'un pinceau moins modeste,
Sans aucun voile exposeroit aux yeux;
Et nous marquant l'attitude & le geste,
Par ses couleurs exprimeroit bien mieux!
Mais non, pudeur, malgré tes loix austeres,
Je ne tairai ce beau temple, où l'Amour
Voit célébrer ses plus secrets misteres.
Jà voyoit-on s'élever à l'entour
Gazon naissant, agréable terrasse,
De l'édifice ombrageant le contour,
Sans toutefois en ombrager la face.
Monts opposés à ce petit séjour,
Où Cythérée en plaisirs si sçavante,
Pour ranimer une vigueur mourante,
Tient magasin de puissans aiguillons.
Je ne tairai cette forme charmante,
Cet embonpoint qui traçoit maints sillons,
Maints petits flots dont l'image m'enchante.
Ce qui sur-tout irritoit les transports
Des regardans, c'étoient divers efforts,
Que, pour cacher une grotte secrette,

Faisoit alors notre jeune fillette ;
Le tout en vain. Ces ravissans tréfors
Laissèrent voir & contours & surfaces,
En mille aspects, en différentes faces.
Des conviés n'avoient oncques les yeux
Fait tel régal & si délicieux.
Mais plus d'un acte eut cette comédie.
Lorsque la belle eut son fruit parsemé,
Croyant enfin l'ouvrage consommé,
La pauvre enfant devint bien étourdie,
Quand le seigneur, du spectacle charmé,
Lui fait de plus ramasser ces cerises
L'une après l'autre. Il fallut obéir
Sans hésiter. Voici nouvelles crises
Pour sa pudeur, & renfort de plaisir
Pour l'assemblée. En telle conjoncture,
Ne croyez pas que Satan s'endormit ;
De la partie aussi-tôt il se mit,
Et profita fort bien de l'aventure :
Très-vivement la chair joua son jeu,
Ses aiguillons ayant mis tout en feu.
Des spectateurs onc ne fut telle rage ;
Bref, d'une part l'excès de leur plaisir,
Et d'autre encor maint violent désir,
De la raison leur fit perdre l'usage.
L'un tressaillant, disoit : — Par Cupidon,
Si seul à seul je tenois ce tendron,
Sans l'amuser à semblable manœuvre,
D'autre façon je la mettrois en œuvre.

Dieux, quel plaifir ! Non, je ne voudrois pas
Pour cent écus n'avoir vu ces merveilles.
L'autre, enchanté de fortunes pareilles,
Les eſtimoit au moins deux cens ducats.
Un vieux pécheur pouſſoit cette lieſſe
A mille écus. Enfin, chacun jaſoit,
Qui plus, qui moins, & ſuivant ſa richeſſe,
Ou que l'objet plus ou moins l'embraſoit.
On ouit même un valet qui priſoit
Dix beaux écus ſa joyeuſe aventure ;
Il n'avoit vu ſi gente créature
En tel habit. Le ſeigneur ſatisfait,
Pas ne laiſſa tomber ces taux par terre,
Faiſant du tout un ſecret inventaire,
Le bon apôtre en ſa barbe rioit
De tout ſon cœur. Alors, les yeux avides
S'alloient encor, allongeant par les vuides
Et les replis, tâchant furtivement
De dérober quelque coin de parcelle
Des nuds appas qu'un voile déplaiſant
Alloit cacher. Concluſion : la belle
Ayant repris tout ſon accoutrement,
Le bon ſeigneur la fait ſeoir à ſa table,
Et puis lui ſert tout ce qui ſe trouvoit
De plus exquis & de plus délectable,
Ne diſant pas ce qu'il lui réſervoit
Pour ſon deſſert. La pauvre créature
Ne ſe pouvoit toutefois conſoler,
D'avoir ainſi montré ce que nature

Et bienféance ordonnoit de voiler.
Son défefpoir ajoutoit à fes charmes;
De mille feux, fes beaux yeux pétillants,
Par la pudeur en étoient plus brillants.
Mais voici bien de quoi tarir fes larmes :
En ce moment le terrible feigneur
Roule fes yeux tout à coup dans fa tête,
Et puis, d'un ton qui fait trembler de peur :
— Corbieu, meffieurs, fuis-je le pourvoyeur
De vos plaifirs? Et faut-il que j'apprête
A vos beaux yeux fpectacle fi friand?
Me croyez-vous affez mauvais plaifant,
Votre valet? Non, de par tous les diables,
Vous aurez eu vifions défirables;
A des rois mêmes, & vous vous en irez
Francs du collier! Oh! parbleu, vous payrez
Bon gré mal gré, chacun la même fomme
Qu'avez offerte; ou, foi de gentilhomme,
Je vous ferai couper jambes & bras,
Et pis encor; qu'on ne raifonne pas,
Ou ventrebleu!... Cette horrible menace
Du tyranneau, comme foudre & carreaux
Saifit d'effroi meffieurs les houbereaux,
Si que leur fang dans leurs veines fe glace :
Il fallut donc, pour n'avoir de procès,
S'exécuter & vuider les gouffets;
Pas d'une obole on ne leur eût fait grâce;
Car noterez que le fufdit feigneur
Étoit illec tenu pour précurfeur

De l'Antechrist, pour un anthropophage,
Pour l'Attila de tout le voisinage.
Les pauvres gens eussent voulu pour lors
Avoir été quinze-vingts ou troncs d'arbre,
Quand Marciole étaloit ce beau marbre,
Et découvroit ses plus secrets trésors;
Ou que leur langue à cette heure immobile,
A les taxer eût été moins habile :
Mais vains regrets, inutiles désirs ;
Le receveur est là qui les harcelle,
Et fait payer par chacun à la belle,
Selon son taux, le prix de ses plaisirs.
Tout fut contraint d'avaler la pilule.
Celui qui n'eut cette somme comptant
Ou l'envoya chercher tout à l'instant,
Ou du seigneur l'emprunta sur cédule
En bonne forme & sur nantissement ;
Tant qu'à la fin la troupe cotisée
Lui fit enfin quinze cens beaux ducats,
Qui furent mis sur la bourse exposée
A cet effet. Chacun pestoit tout bas ;
Ils ruminoient sur leur déconvenue,
Sans qu'aucun d'eux osât faire du bruit.
Si ces messieurs payent si fort la vue,
Qu'eussent-ils donc acheté l'usufruit ?
A tant. Laissons cette noblesse folle,
Et dans sa peau de bon cœur enrageant ;
Quand le seigneur renvoyant Marciole :
— Tiens, lui dit-il, emporte cet argent,

Va, mon enfant, que cela te confole.
Ce fecond ordre étoit moins affligeant
Que le premier. Force filles, je gage,
Pour leurs amans, très-dangereux témoins,
De Marciole ont fait le perfonnage,
Qui rifquent plus & gagnent beaucoup moins.

L'Abbé Grécourt.

LE MÉDECIN BANAL.

(1. 32)

CONTRE la mort, sœur Alix batailloit.
Bon cœur avoit; mais le corps défailloit
Faute de suc. — Difficile est la cure,
Dit gravement un docte médecin,
Grand est le mal, subtil est le venin !
Maints élixirs pour aider la nature
Sont ordonnés, pillules, cordiaux,
Décoctions, extraits de minéraux.
Rien ne servoient drogues d'apothicaire,
Alix mouroit; on lui donne un clistère,
Alix mouroit ! on la saigne aux deux bras,
Tout aussi peu. — Je ne m'y connois pas,
Dit le docteur, & soudain désespère,
Pinçant sa barbe & reculant trois pas.
Vint un second qui n'en sçut davantage,
Fors que nommoit force maux en latin,

Signoit arrêts en inconnu langage ;
Des deux, aucun du mal ne fçut le fin.
Un tiers venu d'heureufe expérience,
Dit : — *Recipe* le rameau de fcience,
Tenez-le bien, & ne lâchez la main,
Puis le placez... Vous fçavez tout le train,
A tant qu'ayez de bon fuc abondance ;
Ainfi vivrez par le rameau vital.
Mieux n'eût parlé le divin Efculape ;
Hippocrates mieux n'eût connu le mal.
Sœur Alix mord auffi-tôt à la grappe,
Et du rameau tire un fuc pectoral.
Quantum fatis, on augmenta la dofe.
Chaque nonnain voulut fçavoir la chofe ;
Et le docteur fut médecin banal.

Grécourt.

MESSIRE ALCAIN.

(1. 35)

De vieux Catons perclus & rachitiques
Ont rabâché sur l'habit féminin,
Qu'il étoit mal de laisser voir son sein
A tous venants, coutumes diaboliques
Qui violoient la pudeur, le respect,
L'honneur du sexe & tous ses apanages ;
Et moi je trouve on ne peut plus suspect
Le cotillon, malgré ses avantages.
Un certain jour, n'importe en quel pays,
La messe dite, on sortoit de l'église
Pour retourner au plus vite au logis.

Un jeune couple affez de nos amis
Luttoit en vain contre une forte bife,
Qui s'engouffroit en fes amples habits.
N'en pouvant mais, en deux il fe fépare ;
L'un prend fa jupe, enjambe le ruiffeau,
Fait un faux pas & fe répand dans l'eau.
Second malheur, le vent en vrai barbare
Montre au grand jour ce que cache un jupon.
Le mari court ; le fougueux aquilon
En moins que rien vous renverfe mon homme.
C'était piteux, & vous allez voir comme :
Meffer Alain, le curé de l'endroit
Les fecourut, l'infigne maladroit.
Au préalable il eft bon de vous dire
Que fire Alain n'étoit un jouvenceau ;
Du tout s'en faut. Le drôle aimoit à rire
Sans pour cela mordre au friand morceau.
Voyant le cas, cet homme apoftolique
Va de grand cœur fecourir fon prochain,
Qui, dans la boue, en proie à la colique,
 De fa moitié mélancolique
 Tàchoit de cacher, mais en vain,
 La fente étroite & mirifique
 Par où paffe le genre humain.
Il le confole & fagement l'exhorte,
En bon chrétien, avec force arguments,
A fupporter tous fes défagréments ;
Fait un fermon qu'un vent du diable emporte ;
Il était beau, car il était favant.

Puis fe penchant fur le mari qui jure :
— « Eh ! notre ami, dit-il, le relevant,
Madame ôtez de l'étrange pofture
Où je la vois ; car ceci c'eft luxure,
Et des péchés c'eft de tous le plus grand.
Moins à craindre eft du ferpent la morfure. »
— « Oh ! cela c'eft une impofture,
Dit l'époux en la découvrant,
Voyez le fien, mon révérend :
C'eft un péché fort mignon, je l'affure. »

LIBER.
(Les Pantagruéliques.)

LE CHAPEAU.

(t. 35)

UNE fillette accorte & bien apprife,
En pleine rue, un jour, fe laiffa cheoir;
Grand vent fouffloit; & fa blanche chemife
De voltiger fit très-bien fon devoir :
Si que chacun fans lunettes put voir
A découvert la gentille chapelle.
Lors un béat, pour cacher à la belle
Ce que fçavez, mit fon chapeau deffus.
— Chapeau à moi? Tirez, tirez, dit-elle;
C'est bien affez d'une main tout au plus.

BERNARD DE LA MONNOYE.

LE BRÉVIAIRE.

(I. 44)

Midi fonnant, broffé, paré,
Maître Gribouille, le curé,
Chez une de fes paroiffiennes
Arrivait à point pour dîner.
La dame, à travers fes perfiennes,
Le regardait s'acheminer.
Lui, guetta devant & derrière,
Puis, droit devant elle, en un coin,
S'arrêta pour certain befoin.

Ayant rengaîné fon affaire,
Il entra, falua, s'affit.
Auffitôt la dame lui dit :
— Voudriez-vous pas de l'eau claire?
— De l'eau! grand Dieu, pourquoi donc faire?
— Pour laver vos mains. — A quoi bon?
Je n'ai tenu que mon bréviaire.

Lors la fille de la maifon
Dit, entendant cette raifon :
— Le bréviaire à maître Gribouille
A le nez fait comme une andouille.

LE CHANOINE ET SA SERVANTE.

(1. 56)

Un gros chanoine embarrassé
De voir que sa servante porte
Certain embonpoint mal placé,
Sourdement la met à la porte.
Bientôt une autre vient s'offrir,
Jeune encore & de bonne mine.
Voilà notre homme à discourir :
— Sçavez-vous faire la cuisine ?
— Fort peu. — Blanchir ? — Non. — Buvez-vous ?
Il n'y paroît pas. — Lire, écrire ?
— Point. — Gage ? — Cent écus. — Tout doux !
Oh ! par ma foi, je vous admire,
Vous ne sçavez rien & d'abord
Cent écus ! Quoi ! la plus habile
N'en demande que vingt. — D'accord,
Monsieur, oui, mais je suis stérile.

GRÉCOURT.

L'ENTRE-GENT.

(1. 62)

Assis auprès de son bureau,
   Maître Aubert, quittant ses besicles,
   Disoit à sa fille Babeau :
   Je veux d'un mari jeune & beau
T'étrenner. Puis, articles par articles,
Il en détailloit les vertus.
Dans celles qui peuvent lui plaire,
C'est l'entre-gent qu'il vante plus.
Mais Babet, en fine commère :
— D'entre-gent je luis fais crédit,
Dit-elle ; qu'il ait, mon cher père,
D'entre-jambes, cela suffit.

              BERNARD DE LA MONNOYE.

LA NONNE SÇAVANTE.

(1. 69)

UNE vieille abbeſſe tançoit
Une nonnain belle & jeunette,
De ce que naguère elle avoit
Laiſſé lever ſa chemiſette.
— Las! c'étoit ſeulement pour voir;
Madame, je penſois bien vivre,
Car j'ai lu dans notre grand livre,
Qu'il étoit bon de tout ſçavoir.
— Ah! fille, repartit l'abbeſſe,
Si plus avant va, ta ſimpleſſe
Te pourra bien faire abuſer,
Car tu verras en l'autre page
Qu'il n'en faut pas toujours uſer.
— Uſer? Non, non, je ſuis trop ſage,
Lui dit la nonne au teint d'œillet,
Lorſque je ſerai de votre âge,
Lors je tournerai le feuillet.

EST-IL BON DE TOUT SÇAVOIR.

(1. 69)

Dans le faubourg à Cérès confacré,
Vivaient à Reims Élife & fa grand'mère.
L'une a feize ans, l'autre eft fexagénaire.
La mère Alix ne voit que fon curé,
Et de lui plaire eft fans ceffe occupée;
Life a des fleurs, un ferin favori,
Mais fon efprit n'eft plus à la poupée;
Elle eft dans l'âge où l'on rêve un mari.
Le jour, la nuit, elle y penfe, & fa peine
Allait croiffant, quand, après la neuvaine,
Ni blond ni noir n'a demandé fa main.

4**

Lise est jolie, & Lise attend en vain.
Quelqu'un lui dit : — « Chez vous l'argent est rare,
Voilà le mal, l'hymen veut de l'argent. »
— « Que veut l'amour ? » dit Lise innocemment.
On lui répond : — « L'amour n'est point avare. »
Un mois après Lise avait un amant.
Contrat d'amour, passé sans le notaire
Ni les parents, veut l'ombre du myſtère.
La mère Alix ayant vu sur le soir
L'amant sortir, va se fâcher, quand Lise
Lui dit : — « Maman, dans mon livre d'égliſe
Il est écrit que l'on doit tout savoir. »
— « Mais, mon enfant, retourne donc la page,
Trop savoir nuit, nous dit l'autre verset. »
— « C'est bon, grand'mère, & quand j'aurai votre âge
Je vous promets de tourner le feuillet. »

Comte de Chevigné.

LE MÉDECIN REBUTÉ.

(I. 88.)

Un médecin fort âpre à faire quelque cure,
    Voyant d'un gros Roger Bontemps
    La trop brillante enluminure
Lui dit que par de prompts & sûrs médicamens
    Il décoloreroit sa trogne,
S'il vouloit seulement lui donner cent écus.
    A quoi ce suppôt de Bacchus,
    Ce grand & vénérable ivrogne,
    Repartit : — Monsieur le docteur,
Je ne vous pense point du tout assez habile
Pour, avec cent écus, m'ôter une couleur
Qui, pour l'avoir ainsi, m'en coûte plus de mille.

                  B. DE LA MONNOYE.

LA CRUCHE.

(I. 90)

UN de ces jours, dame Germaine,
Pour certain besoin qu'elle avoit,
Envoya Jeanne à la fontaine :
Elle y courut, cela preſſoit.
Mais en courant, la pauvre créature
Eut une fâcheuſe aventure.
Un malheureux caillou qu'elle n'aperçut pas
Vint ſe rencontrer ſous ſes pas.
A ce caillou Jeanne trébuche,
Tombe enfin, & caſſe ſa cruche.
Mieux eut valu cent fois s'être caſſé le cou.

La Cruche.

  Caſſer une cruche ſi belle!
  Que faire ? Que deviendra-t-elle?
Pour en avoir une autre, elle n'a pas un ſou.
  Quel bruit va faire ſa maîtreſſe,
  De ſa nature très-diableſſe?
  Comment éviter ſon courroux ?
  Que d'emportement! que de coups!
— Oſerai-je jamais me r'offrir à ſa vue?
Non, non, dit-elle : il faut que je me tue!
Tuons-nous. Par bonheur, un voiſin près de là
  Accourut entendant cela,
  Et, pour conſoler l'affligée,
Lui chercha les raiſons les meilleures qu'il put,
  Mais pour bon orateur qu'il fut,
  Elle n'en fut point ſoulagée.
Et la belle toujours s'arrachant les cheveux,
 Faiſoit couler deux ruiſſeaux de ſes yeux.
Enfin voulut mourir, la choſe étoit conclue.
  — Eh bien, veux-tu que je te tue?
Lui dit-il. — Volontiers. Lui, ſans autre façon,
  Vous la jette ſur le gazon,
  Obéit à ce qu'elle ordonne,
A la tuer des mieux apprête ſes efforts,
  Lève ſa cotte & puis lui donne
  D'un poignard à travers le corps.
  On a grande raiſon de dire
Que pour les malheureux la mort a ſes plaiſirs.
Jeanne roule les yeux, ſe pâme, enfin expire :
  Mais après les derniers ſoupirs,

Elle remercia le fire.
— Ah ! le brave homme que voilà !
Grand merci, Jean, je fuis la plus humble des vôtres,
Les tuez-vous comme cela ?
Vraiment j'en caflerai bien d'aütres.

Autreau.

MÊME SUJET.

Lisette, à qui l'on faisoit tort,
Vint à Robin tout éplorée,
Et lui dit : donne-moi la mort,
Que tant de fois j'ay désirée.
Lui, qui ne la refuse en rien,
Tire son... vous m'entendez bien,
Puis au bas du ventre il la frappe.
Elle, qui veut finir ses jours,
Lui dit : — Mon cœur, pousse toujours,
De crainte que je n'en réchappe.
Mais Robin, las de la servir,
Craignant une nouvelle plainte,
Lui dit : — Hâte-toi de mourir;
Car mon poignard n'a plus de pointe.

Mathurin Régnier.

LA FILLE RECONNOISSANTE.

(1. 96)

LA fille unique d'une veuve,
S'étant mariée à Lucas,
Se flattoit, tant elle étoit neuve,
D'être toujours entre ses bras.
Quelque temps après l'hyménée,
Bonnement elle se plaignit,
Que tant que duroit la journée
Rien, le soir rien, & rien la nuit.
— Ma foi, lui dit le bon apôtre,
Tout ne peut pas toujours servir;
Il faut en acheter un autre.
La foire va bientôt tenir.
Selon l'argent, la marchandise;
Si j'avois dix écus comptant,
J'en aurois un de bonne mise,
Et je m'en reviendrois content.

Claudine, aux dépens de son homme,
Épargne & si bel' & si bien,
Qu'elle amasse la dite somme ;
— Tiens, mon mari, n'épargne rien.
Le drôle court vite à la foire,
N'en revient qu'au troisième jour,
Là, ne faisant que rire & boire,
Il fit un magasin d'amour.
De retour auprès de sa femme,
Il en fut très-complimenté ;
Elle s'aperçut jusqu'à l'âme,
De ce qu'il avoit acheté.
— Du vieux, qu'en as-tu fait, dit-elle ?
On en pourroit avoir besoin.
— Pargué, tu me la bailles belle !
S'il court toujours, il est bien loin ;
En le troquant j'ai cru bien faire.
— Mon fils, tu n'as pas eu raison ;
Pour amuser ma pauvre mère,
Il auroit encor été bon.

GRÉCOURT.

LES PELOTONS.

(t. 141)

En fait d'amour, je détefte ces nymphes,
Qui de Lampfaque ont battu les jardins,
Et du public narguant les paranymphes,
S'offrent fans honte aux plus vils citadins.
　Laiffons tel gibier à nos carmes ;
Pareils ébats n'ont point pour moi de charmes.
　Mais parlez-moi de conquérir
　Un jeune objet, qui voit courir
De fes foleils la treifième carrière ;
　Qui dans une innocence entière,
　Du beau carmin de la pudeur,

Les Pelotons. 61

  Voit-nuancer fon front novice;
 Qui déjà propre à l'amoureux fervice,
Sans trop fçavoir pourquoi, fent palpiter fon cœur,
Qui de l'amour, bégaie encor le catéchifme,
  Et qui n'a point encor fait fchifme
  Avec l'enfantine candeur.
  Telle étoit la jeune Olimpie,
  Quant l'entreprenant Alidor
  Enfila ce beau corridor,
Qui mène à la cellule, où la volupté dort
  Sur un tas de rofes tapie.
  — Rien ne fe voit de plus charmant,
  Qu'étoit notre fimple pucelle;
  Elle eut, sûrement, effacé
  Tous les charmes de cette belle,
Qui des murs d'Ilion caufa l'embrafement;
 Elle ignoroit jufqu'au doux nom d'amànt,
 Et ne bougeoit d'auprès de fa maman,
  Qui l'avoit toujours fous fon aile.
  Alidor, qui brûloit pour elle,
  Ne fçavoit comment, à la belle,
  Il découvriroit fon tourment,
 Quand d'Olimpie, un coufin nommé Joffe,
  Vint la prier d'affifter à la noce :
La mère y confentit affez facilement;
  (C'étoit au fein de la famille
Qu'elle la confioit). — Mais, dit-elle à fa fille,
Prends bien garde, fur-tout, de perdre ton honneur.
  — Oh! maman, n'ayez point de peur;

Je le garderai bien, répliqua l'innocente,
  Et vos fouhaits ne feront point déçus.
    Pourquoi, de peur qu'il ne s'évente,
  La belle avoit toujours la main deffus.
Mais Alidor, qui fçait que l'amour brufque,
Quand il n'a pas le temps de tirer en longueur,
Sans autre avant-propos, fe gliffant près du bufque
  Veut écarter cette main qui l'offufque.
  — Laiffez mon doigt, dit-elle au fuborneur,
    Las! voyez-vous, fi par malheur,
    Je laiffois tomber mon honneur!
— Ne craignez rien, je m'en vais vous le coudre,
  Et de façon qu'il n'échappera point,
Ripofte le galant, ne fuis neuf en ce point.
  Il ne fut pas long-temps à la refoudre
A voir, de fon honneur, coudre l'étroit pourpoint.
  Il le coufit à quadruple couture,
    Et fi bien que la créature
Au jeu prit goût. — Faites encore un point,
  Dit quelque tems après la fille,
A l'amant qui fentoit émouffer fon aiguille.
  — Je le voudrois, répliqua-t-il,
Mais las! j'ai tant coufu que je n'ai plus de fil.
    — Plus de fil?... — Oui, je vous le jure...
    — Allez, allez, c'eft impofture;
Et qu'avez-vous donc fait, dit la belle auffi-tôt,
De ces deux pelotons que vous aviez tantôt?

Grécourt.

AUTRE.

(I. 141)

Certain tendron, qu'Isabeau l'on nommoit,
Après quinze ans ayant son pucelage,
(Cas singulier) dans un bal se trouvoit.
Chacun illec de danser faisoit rage,
Hors Isabeau. La pauvre fille étoit
Seule en un coin, faisant triste figure,
Les yeux baissés, & tenant sa ceinture
De ses deux mains, que point ne remuoit,
Si qu'eussiez dit que c'étoit quelque idole.
Un sien ami, qui s'appelle Damon,
Vint l'accoster, lui fait cette leçon :

Autre.

— Tandis qu'on rit & que l'on cabriole.
Être ainsi triste, à vous ce n'est pas beau ;
Chacun s'en mocque. Allons, belle Isabeau.
Venez danser, souffrez que je vous mène :
Çà, votre main. — Non, ce n'est pas la peine,
Dit Isabeau ; monsieur, laissez ma main ;
Bien grand merci : pourtant ne croyez mie
Qu'un tel refus provienne du dédain,
Et de danser aurois assez d'envie ;
Mais on m'a dit que quand je danserois,
Mon pucelage, aussi-tôt je perdrois,
Qu'il tomberoit devant les yeux. Eh dame,
Maman, après, me chanteroit la game ;
Bien la connois, elle me batteroit.
— Oh ! dit Damon, qui sous cape rioit,
Vois ce que c'est ; or qu'à cela ne tienne
Que ne preniez votre part du plaisir.
Dans un moment tout à votre désir
Pourrez danser, sans crainte qu'il avienne
Ce que si fort me semblez redouter ;
Il faut, sans plus, à votre pucelage
Trois point d'aiguille : & vais sans différer,
Si le voulez vaquer à cet ouvrage ;
Je ne ferois pour tout autre que vous
Besogne telle. Or, sus, dépêchons-nous,
Puis danserons après tout à notre aise.

— Aussitôt dit, notre bonne niaise
Suit le galant ; & tout alla si bien,

Que de leur fuite on ne foupçonna rien.
Voilà Damon qui prend en main l'aiguille
Vous fait un point, puis un autre ; & la fille
D'y prendre goût, & de dire : — Oh! vraiment,
Je coûds fort mal, à ce que dit maman;
Elle m'en gronde. Oh! bien, qu'elle m'achete
Pareille aiguille, elle verra beau jeu.
Les vend-on cher? Coufez encore un peu.
On coûd un point, puis Damon fait retraite.
— Belle, dit-il, c'eft affez bien coufu
Pour cette fois, & votre pucelage
N'a déformais à craindre aucun naufrage.
Venez danfer. La friponne eût voulu
Ne pas fitôt abandonner l'ouvrage;
Elle alléguoit bien des *fi,* bien des *mais;*
— Rien que trois points! Il ne tiendra jamais ;
Oncques ne fut robe trop bien coufue :
Mais le galant s'éloignant de fa vue,
Elle rentra dans le bal à l'inftant.
Quelqu'un la prend pour danfer; elle danfe;
On admiroit fa noble contenance,
Son air, fes traits, fon teint vif & brillant,
Le tout étoit l'ouvrage d'un moment.
Un moment feul, d'Ifabeau l'imbécille,
Avoit fçu faire Ifabeau la gentille.
Comment cela! Demandez-le aux doéteurs.
— Doéteurs en loix ou bien en médecine?
— Nenni dà, non, au diable leur doétrine!
Ce font pédans que Dieu fit ; c'eft ailleurs

Que trouverez folution certaine
De cettui cas : chez Jean le Florentin,
Chez mon patron le gentil La Fontaine,
Gens qui d'amour tiennent tout leur latin.
Or reprenons notre conte. La belle
Ayant danfé pendant affez longtems,
Vint à Damon : — Je crains fort, lui dit-elle,
Qu'après maints fauts & maints trémouffemens,
Ce qu'avez fait ne foit peine perdue.
Partant, allons coudre tout de nouveau
Mon pucelage : il ne feroit pas beau,
Que tout-à-coup il tombât à la vue
De tout le monde; & pouvant l'empêcher,
Vous en auriez autant que moi de blâme :
Venez-donc tôt. Damon répart : — Oh, dame!
Plus n'ai de fil; d'un autre couturier
Pourvoyez-vous. — C'eft méchanceté pure,
Dit Ifabeau, de fil vous n'avez plus!
Eh! dites-moi, que font donc devenus
Deux pelotons qu'aviez à la ceinture?

GRÉCOURT.

ARDEUR OPINIATRE.

(1. 158)

J'INTERROGEOIS un moine à barbe grife,
Et lui difois : — Pourquoi l'œuvre de chair
Plaît-il au fexe avec les gens d'églife
Mieux qu'avec nous? — Eh! de par Lucifer!
Dit le paillard, il n'eft rien de plus clair.
Voyez-vous pas que ces races maudites
Toujours au cul, brûlent du feu d'enfer,
Et que pour ce leur faut chofes bénites.

DISTRACTION.

(1. 158)

PAR un beau soir, après collation, [pagne
Certain curé, non moins chaud de cham-
Que de ferveur, errait dans la campagne,
Pfalmodiant avec dévotion
Les faints verfets du bon roi de Sion ;
Quand, tout à coup, fous la molle coudrette
Paffe un tendron à flottante bavette,
A jambe fine, à minois rofe & frais,
Et qu'un faux-pas dans un foffé vous jette...
Ce qui fuivit, dire ne le faurais,
Mais l'oraifon fut laiffée imparfaite.

ΕΦΗΒΟΣ.

LA VETTELÉE.

(1. 160)

La fille à notre fermier Pierre,
Avec un petit air bien doux,
Vint un jour trouver ma grand'mère :
— Mon père me dépêche à vous,
Madame, sans que ça vous fâche,
Vous demander voute tauriau
Pour donner, à ce renouviau,
La vettelée à noute vache;
Madame, & qu'il vous en rendra
Tout autant, drès qu'il vous plaira !

ÉPIPHANE SIDREDOULX.

LES DEUX BOUCHES.

(I. 201)

COLIN, l'honneur des bergers du hameau,
　　Garçon ayant long nez, larges épaules,
　　Beau batailleur, s'il en fut dans les Gaules
　　Sous la coudrette enflait son chalumeau.
Trio brillant de jeunes bachelettes,
Fort bien en point, fringantes & proprettes,
Que chaud mettoit en fève de plaifir,
Le rencontrant, lui conta fon défir.
Souvent le temps allume la tendreffe,
Le lieu souvent donne la hardieffe :
Prude connois, dont la fombre fierté

Les deux Bouches.

Devant les gens a des airs de Lucrèce,
Qui Laïs est dans un antre écarté.
Telle, en hiver, rit du feu qui me brûle,
Qui me courra les jours de canicule.
Le tems, le lieu, je le redis toujours,
Sont deux ressorts qui font tout en amours.
Or donc Colin, que le nombre importune,
(Trop d'embonpoint fait crever quelquefois),
Leur répondit en pâtoureau courtois :
— Belles, je suis trop chargé de fortune.
Hélas! pourquoi, par de trop dures lois,
Toutes les trois ne vous trouvai-je en une?
Ou bien pourquoi ne me trouvai-je en trois!
Je suis perplexe. Si l'une je fêtoye
Sans le restant, deux mourront de dépit ;
Si la faveur à nulle je n'octroye,
Dans votre cœur je perdrai tout crédit.
Mais il me vient une idée excellente :
Écoutez-moi ; tout est raccommodé ;
A celle-là sera prix accordé
Qui mieux soudra la question suivante.
La voici donc ; n'en perdez pas le fil.
Des feux du ciel quand le voleur subtil
De terre glaise eut formé vos pareilles,
Ils vous ouvrit deux bouchettes vermeilles ;
Une en la face, autre sous le nombril.
Or il s'agit de me dire laquelle
Est la plus vieille? Alors Chloé la belle
Dit en riant : — Le cas est fort aisé ;

Il me paroit que plus vieille eſt la haute;
Car ayant pris toutes ſes dents ſans faute,
De l'autre encor nulle dent n'a percé.
— Bien, dit Colin; la réponſe eſt fort bonne,
Qu'en penſe Hébé? — Moi, repart la friponne,
Tout autrement; que c'eſt celle d'en bas;
Car elle a barbe, & l'autre n'en a pas.
— Très-bien encor, dit Colin; & Roſette?
Roſette dit que c'eſt celle d'enſus;
Car long tems a qu'elle ne tette plus;
Et dieu merci, l'autre encore bien tette.
Or dites-moi, meſſieurs les beaux eſprits,
A qui des trois adjugez-vous le prix?..

B. DE LA MONNOYE.

L'ÉPOUX NOURRICE.

(1. 201)

Un jour la jeune Vermeille
Nommait son mari, maman.
— Pourrait-on, tendre fanfan,
Lui dit Damis à l'oreille,
Savoir pourquoi votre époux
Est ainsi nommé par vous ?
— Mais c'est tout simple, dit-elle.
— Bon ! vous voulez plaisanter !
— Point du tout, reprit la belle.
Car si maman je l'appelle,
C'est qu'il me donne à téter.

PLANCHER DE VALCOUR.
(Le petit-neveu de Boccace.)

LA BROUSSAILLE TONDUE.

(1. 213)

Du petit bois où l'Amour fait la guerre
Par paſſe-temps la gentille Margot
Avait un jour éméché la liſière.
　Par paſſe-temps, un autre jour, Guillot,
Qui voulait boire à ſa vive fontaine,
N'y trouvant plus de mouſſe ni de laine,
S'écrie : — Hé! donc? qu'eſt devenu ce crin?
— Je l'ai tondu, dit-elle. — Et pourquoi? — Parce
Que ce poil n'eſt qu'une brouſſaille éparſe
Qui du plaiſir entravait le chemin.

LA SAVONNETTE.

(1. 213)

LISE le col penché négligemment,
Flore, fa sœur, la cuiffe découverte
Sur un fofa dormoient profondément.
A la faveur d'une porte entr'ouverte,
Dans ce réduit qu'éclairoit faiblement
Une bougie, Amour qui toujours veille
Conduit à point chevalier valeureux,
Propre à tenter aventure amoureufe,
Qui profitant de ce moment heureux
Où le fommeil favorifoit fes vœux
S'adreffe à Flore. Onc la belle dormeufe

Ne s'éveilla, mais dormit de son mieux ;
Et si toujours il eût festoyé Flore
Bien jugerois que dormiroit encore,
Tant ce sommeil lui parut gracieux.
Or le ribaud voulant tâter de Lise,
Par cas fâcheux la trouva mal assise.
Du contre-temps le chevalier confus
A Lise alors soulève la chemise,
Prend des ciseaux & promptement s'avise
De lui faucher le verger de Vénus ;
Puis déguerpit. En sursaut la donzelle
S'éveille, crie & se le voit tondu :
— Dieux ! en dormant le poil m'est-il donc chu ?
— Qu'as-tu ? dit Flore à sa sœur éperdue.
Lise repart : — Ma foi ! je suis tondue.
Dans mon sommeil quelque jeune lutin,
Pour s'ébaudir, m'a méchamment rasée.
L'autre aussitôt craignant même destin,
Sur sa toison fraîchement arrosée
Deux ou trois fois va promener sa main.
— Bon Dieu ! le drôle avait aussi dessein
De me raser, lui dit Flore étonnée ;
Car tu vois bien comme il m'a savonnée.

VERGIER.

LE LACET.

(1. 217).

Néceſſité mère de ſtratagème
Luy fit... eh bien ? Luy fit en ce moment
Lier... Eh quoi ? Foin ! je ſuis court moy meſme :
Où prendre un mot qui diſe honneſlement
Ce que lia le pere de l'enfant ?
Comment trouver un detour ſuffiſant
Pour cet endroit ? Vous avez ouy dire
Qu'au temps jadis le genre humain avoit
Feneſtre au corps, de ſorte qu'on pouvoit
Dans le dedans tout à ſon aiſe lire :
Choſe commode aux médecins d'alors.
Mais ſi d'avoir une feneſtre au corps
Eſtoit utile, une au cœur au contraire,
Ne l'eſtoit pas, dans les femmes ſurtout ;
Car le moyen qu'on pût venir à bout ,
De rien cacher ? Noſtre commune mère
Dame Nature y pourvut ſagement,

Par deux lacets de pareille mesure.
L'homme & la femme eurent également
De quoy fermer une telle ouverture.
La femme fut lacée un peu trop dru :
Ce fut sa faute, elle-même en fut cause,
N'estant jamais à son gré trop bien close.
L'homme au rebours, & le bout du tissu,
Rendit en lui la nature perplexe.
Bref le lacet à l'un & l'autre sexe
Ne put quadrer & se trouva, dit-on,
Aux femmes court, aux hommes un peu long.
Il est facile à présent qu'on devine
Ce que lia notre jeune imprudent.
C'est ce surplus, ce reste de machine,
Bout de lacet aux hommes excédant.

        J. DE LA FONTAINE.

Contes. IV. 12.

LE SAC DU BONHOMME.

(1. 231)

LA belle Alix eut jadis un fcrupule :
Si quelques-uns le trouvent ridicule
D'autres auffi le trouveront fenfé.
Elle craignit que le ciel offenfé
Ne la punît du métier de tendreffe
Qu'elle avait jà plufieurs ans profeffé.
Et bien qu'alors, de mille cœurs maîtreffe,
Elle eût encor tous fes plus beaux appas;
Toute contrite, elle renonce au monde;
Vers la retraite elle tourne fes pas,
Couvre fon fein, coupe fa treffe blonde :

Manches d'aller jufques au bout des doigts!
Habit groffier, enfin toute la fuite,
Tout l'attirail que prend fouventes fois
Femme galante en changeant de conduite.
Dans cet état elle paffa fix mois.
Alix avait choifi pour fa retraite,
Au fond des bois, une maifon fecrète,
Où les hiboux n'avaient voulu nicher ;
Et toutefois Amour vint l'y chercher.
Il vous lui va bourdonnant à l'oreille
Certain écho de fes plaifirs paffés,
Et fait fi bien qu'en fon cœur il réveille
Mille défirs non encor effacés.
Jà dame Alix, moins clofe & moins couverte,
Se montre au jour, laiffe fa porte ouverte ;
Elle s'en va promener par les bois,
Si bien qu'un jour elle effaie & déploie
Certains atours de dentelle & de foie,
Dont la fplendeur lui plaifait autrefois.
Puis fur les bords d'une onde gazouillante,
Dont fe paraît ce féjour écarté,
Elle fe penche & mire fa beauté.
Elle s'y plaît, s'y trouve encor brillante.
Dans le moment que d'elle fi contente
Elle s'oublie au miroir du ruiffeau,
Paffe un chaffeur galant & jouvenceau,
Qui, par malheur ayant perdu la trace
D'un animal qu'avec ardeur il chaffe
Vient, altéré pour boire de cette eau.

Dans le courant, quelle furprise extrême !
Il voit Alix : Alix l'y voit de même.
Occafion ! gliffante occafion !
Pour réfifter à la tentation
Faut-il qu'en vain toujours nos cœurs travaillent.
Elle veut fuir : les jambes lui défaillent ;
L'ardent chaffeur, charmé de fes appas,
Tombe à fes pieds, la preffe dans fes bras.
Adieu, vertu, piété, retenue !
Toujours plus loin le galant s'infinue ;
Si bien qu'Alix, tout près de fuccomber,
Sur le gazon fe fent déjà tomber.
Mais avant tout une femme eft coquette,
Et dans la peur de gâter fa toilette :
— Ceffez, monfieur, ceffez de m'affaillir ;
Sur ce gazon vous m'allez tout falir !
Par là paffait un manant du village
Porteur d'un fac en toile d'emballage,
Fort à propos. Empruntant fon fecours,
Le chaffeur prend l'enveloppe groffière,
L'étend fur l'herbe & dit : — Beauté trop fière
Tu peux ainfi, fans gâter tes atours,
Céder aux vœux de l'amant le plus tendre...
Lors ne voyant raifon pour fe défendre :
— Puifqu'il le faut, dit-elle tout à trac,
Faites, monfieur, mais faites fans attendre,
 Pour que le bonhomme ait fon fac !

VERGIER ET É. SIDREDOULX.

LE TRÉSOR DÉCOUVERT.

(I. 231)

vant qu'Amour, ce dieu volage,
Eût sous les lois du mariage,
Asservi le pauvre Turpin,
Il étoit plus heureux qu'un prince.
Tous les amans de la province
Portoient envie à son destin.
Sa présence inspiroit la joie;
Ses plus passionnés désirs
Étoient d'inventer les plaisirs,
Auxquels il se donnoit en proie;
Quand, par la colère des cieux,

Le Tréfor découvert.

Il vit la charmante Sylvie,
Et vaincu par de fi beaux yeux,
Perdit le repos de la vie.
Sylvie avoit bien des appas,
Mais c'étoit toute fa richeffe.
Ah! Turpin, ne fçavois-tu pas
Que le plus ardent amour ceffe,
Et que la faim fuit à grands pas?
La belle aimoit à voir le monde,
Et n'alloit pas à petit train;
Mais pour comble de tout chagrin,
Elle étoit grandement féconde,
Et rendit Turpin, dans fix ans,
Père de fix petits enfants.
Il ne voyoit plus dans Sylvie
Les appas, la même beauté
Qui rendit fon cœur enchanté,
Et tint fa liberté ravie.
Elle a diffipé tout fon bien.
Il envifage la mifère;
Et, hors fix enfants & la mère,
Le malheureux ne voit plus rien.
Il foupire, il fe défefpère.
A qui doit-il avoir recours?
Et de qui, dans fon fort contraire,
Peut-il réclamer le fecours?
Quand l'impitoyable fortune
Répand fa colère fur nous,
Plus d'amis! ils nous quittent tous,

Et notre abord les importune.
— Ah! dit Turpin, dans ce revers,
Puisque la malice des hommes
Est si grande au tems où nous sommes,
Prions le dieu de l'univers :
C'est à lui que je dois mon être.
Il a soin des petits oiseaux,
Des poissons qui sont sous les eaux ;
Il voudra m'exaucer peut-être.
C'étoit parler en bon chrétien.
Turpin fit comme beaucoup d'autres,
Ils ont recours aux patenôtres
Quand ils n'ont plus d'autre moyen.
Alors feuilletant son bréviaire,
Il y rencontre une prière
Qui promet un certain secours
A qui la dira trente jours.
Elle est d'une vertu si grande,
Qu'on obtient tout ce qu'on demande.
Il baisa cent fois l'oraison,
Et versa des larmes de joie ;
Il croit que le Seigneur l'envoie
Tout exprès pour sa guérison.
— Dans un mois, dit-il à Sylvie,
Tous nos maux seront écoulés ;
Dites-moi ce que vous voulez,
Choisissez des biens de la vie,
Dieu satisfera votre envie ;
Mais nos vœux, pour être exaucés,

Doivent avoir quelque limite.
Que la demande soit licite,
Chère Sylvie, & c'est assez.
Désirez-vous, en souveraine,
Régner d'ici jusques au Rhin ?
Non, la demande seroit vaine,
Il en coûteroit au prochain
Et Dieu pourroit avec justice
A nos vœux n'être pas propice.
— Mais que demander donc ? — De l'or.
Il en est tant dessous la terre,
Que l'avaricieux enterre,
Et qu'elle dérobe à nos yeux :
Nous ne pouvons demander mieux ;
Personne ne pourra s'en plaindre,
Et partant nul refus à craindre.

Mais comme on ne peut de l'ennui
Qu'entraîne après soi la misère,
Trop diligemment se défaire,
Il commence dès aujourd'hui.
Son espoir chaque jour augmente ;
Il voit approcher son secours,
Il compte exactement les jours,
Et parvient enfin jusqu'à trente.
— Demain finiront tous nos maux,
Et les chagrins de notre vie ;
Allons, dit-il, chère Sylvie,
Allons prendre un peu de repos.

Il s'endormit dans l'affurance
De voir remplir fon efpérance.
Il entend, environ minuit,
Près de fa chambre un petit bruit,
Et voit qu'on en ouvre la porte
Sa furprife fut bien plus forte,
Quand il aperçut fur le feuil
Une épouvantable figure,
D'une épouvantable ftature,
Qu'enveloppoit un grand linceuil.
Mais ce fantôme le raffure :
— Turpin, lui dit-il, ne crains rien,
Le ciel exauce ta prière :
Pour te montrer un fi grand bien,
Il me force à quitter ma bière.

Lorfque Céfar, chef des Romains,
Vint conquérir cette province,
J'étois fon légitime prince,
Tout s'y gouvernoit par mes mains ;
Il m'affiégea dans cette ville,
Ma défenfe fut inutile,
Il fallut céder au vainqueur :
Ce ne fut pas manque de cœur.
Les ennemis avoient fait brèche,
Ils attaquoient à coups de flèche,
Et déjà montoient à l'affaut ;
Mais les repouffant comme il faut,
Je reftai mort deffus la place.

Le Tréfor découvert.   87

J'avois, de peur d'une difgrâce,
Voyant venir les ennemis,
Dans un lieu fûr mon tréfor mis,
Sans le déclarer à perfonne.
Et c'eft lui que le ciel te donne.
Allons, Turpin, vite debout,
Suis-moi ; mais remarque bien tout.

Le fantôme part fans remife,
Et Turpin le fuit en chemife.
Il commençoit d'être chagrin
Après un quart d'heure de marche ;
Enfin il paffa fur une arche,
Et fe trouva dans un jardin :
— Vois-tu, dit l'efprit à Turpin,
Où fe joignent ces deux allées ;
C'eft là que, depuis tant d'années,
Eft telle quantité d'argent,
Que tu dois en être content;
Puifque le ciel te le deftine,
Rends grâce à fa bonté divine,
De t'avoir conduit en ce lieu.
— Je rends, dit Turpin, grâce à Dieu,
Des bontés qu'il me fait paroître :
Mais, Seigneur, comment reconnoître,
Où trouver un fi grand bienfait ?
— Comment ? laiffes-y ton bonnet.

L'efprit gagne une autre avenue,

Et Turpin le suit tête nue.
— Voilà, dit-il, un autre endroit;
Que peux-tu croire que ce soit,
Turpin? Foi d'ombre, je le jure
Que c'est de l'or, & sans mesure;
Il est caché deffous nos pas.
Demain matin, ne manque pas
De venir faire cette prife.
Fais dans ce lieu creufer un trou.
— Fort bien : mais comment connoître où ?
— Comment? laiffes-y ta chemife.
Il le fuit, & refte auffi nu
Que quand au monde il eft venu.
— Paffons, dit le défunt monarque,
Paffons dans cet autre détour.
Vois-tu l'endroit que je te marque,
Turpin, dès la pointe du jour
Viens-y. Ce font mes pierreries,
Qu'autrefois j'avois fi chéries,
Perles & diamans très-beaux ;
Tu les trouveras par monceaux...
— Eh! comment remarquer la place?
— Comment pouvoir... — Fais-y caca!
Il fit ce qu'on lui commanda.
Après, l'efprit le ramena
Dedans fon lit près de Sylvie :
Il y dormit jufqu'au foleil.
Il fut furpris à fon réveil,
Et fa honte fut fans pareille,

Quand, tout rempli de fon tréfor,
A fon époufe qui fommeille,
Voulant parler d'argent & d'or,
Il aperçut avec furprife,
Qu'il avoit fait dans fa chemife,
Ou, fi voulez, dans fon lit,
Le caca que je vous ai dit.

Voulez-vous que je vous étale
Sur ce fujet quelque morale?
La morale fe fent affez :
Les contes qu'on fait des fantômes,
Et dont on feroit bien des tômes,
Sont vifions d'efprits bleffés.

LE QUINCE.

(1. 231)

Maitre Gile, avocat fans caufe
Prit pour compagne, un beau matin,
Tendron vermeil comme une rofe,
A l'œil mignard, au blanc tetin.
Babet, c'eft le nom de la belle,
Apportant à fon cher époux,
En dot, une large efcarcelle
Et nombre d'affez beaux bijoux,
Les premiers temps du mariage
Furent comptés par les plaifirs
Et pas ne formait de défirs,
Jeune époufe à fi gent corfage,
Qu'on ne prévint fuivant l'ufage.
Bref les jeux naiffaient fous leurs pas...
L'époux était l'homme de France
Le moins difert à l'audience;
Mais il l'était entre deux draps.

Le Quiné.

Entre deux draps! Eh quoi? Que dis-je?
Couché, levé, debout, aſſis,
Deſſus, deſſous, notre prodige
Soir, matin, à deux, trois, cinq, ſix,
Épris d'un aimable vertige,
Vous ſentait accroître ſa tige,
D'amour arroſait le bouton,
Dans le jardin, ſur le gazon;
Au pied du lit, au pied d'un hêtre,
En regardant par la fenêtre,
Sur un ſopha, dans le boudoir,
Sur la cuve, dans le preſſoir
Enfin partout. — Vive une bête
Pour préſider à telle fête!
Diſait, en riant à part ſoi
Babet dans le plus doux émoi;
Bien qu'avant la cérémonie
Elle eût vu la cauſe pourquoi
D'un jeune clerc de bon aloi,
Que même elle s'en fût ſervie,
Onc n'avait fait ſi chère lie.
Auſſi d'athlète ſi nerveux
Ainſi que de raiſon la belle
Faiſait un éloge pompeux.
— On n'eſt pas parfait! diſait-elle:
Que veut-on? Chacun a ſon tic.
Si Gile eſt muet en public
Et s'il paſſe pour une bête,
Je vous jure ſur mon honneur

Qu'en revanche, en un tête à tête,
C'eſt un furieux diſcoureur...
Mais point de roſes ſans épines,
Dit le proverbe : il a raiſon.
Le retour vaut mieux que matines...
L'autre dit vrai, celui-ci non ;
Du moins en cette occaſion.
Car bientôt les beſoins s'accrurent.
Vint un enfant, puis deux, puis trois,
Puis cinq en quatre ans & trois mois :
L'or & les bijoux diſparurent.
D'accorte & douce qu'elle était,
Babet devint opiniâtre,
Aigre, revêche, acariâtre.
Pour l'appaiſer Gile mettait...
Ce qui fait la paix du ménage.
Mais auſſitôt après l'ouvrage
Dame Babet recommençait,
N'étant jamais aſſez bien cloſe ;
Et toujours ayant quelque choſe
A demander, pour toute cauſe
De plus belle grondait, criait.
— Mais! mais, ma femme, où je me trompe,
Diſait l'avocat ſtupéfait,
Prend mon choſe pour une pompe!
Comment réſiſter!... En effet
L'athlète le plus redoutable
Peut être un hercule en ce fait;
Mais enfin il n'eſt pas un diable

Le Quine.

Et Gile y jeta fon bonnet.
Ce fut bien pis alors; la dame
Enrageant au fond de fon âme
Sur fon joujou criait haro...
— J'ai pris un mauvais numéro,
Dit à part foi, l'âme marrie,
Notre amateur de loterie.
(Car en effet depuis fix mois
Il y mettait par ambe & terne
Et voire même par quaterne,
Efpérant qu'heureux une fois
L'efprit féminin qui le berne
Deviendrait enfin plus courtois.)
Mais, attente inutile & vaine!
Pas un extrait dans la quinzaine.
Madame allait toujours fon train :
— Voyez, dit-elle, ce vilain!
Cela dort, mange, boit & foupe,
S'engraiffe & monfieur retiré
Offre au regard défefpéré
Un maintien plus mou que la houppe
De fon trifte bonnet carré...
Ardez un peu la belle pièce,
Le bel outil, la noble efpèce!
Cela fait pourtant des enfans!
Il n'en jette au moule, en quatre ans,
Rien que cinq! — Mais enfin, coquine,
Dit Gile avec emportement,
C'eft tirer affez joliment.

Le Quine.

Quand dans quatre ans on fait un quine !
Ce fut là le premier bon mot
Que Gile eût lâché dans fa vie...
Mieux eût fait pour fa friperie
Qu'il fût refté toujours un fot ;
Car fur fa face débonnaire
Un foufflet lancé vertement
Écrivit qu'il devait fe taire,
Sans regimber aucunement.
Le cœur gros & l'âme chagrine,
Vexé d'avoir parlé du quine,
Maître Gile fe mit au lit,
Et bientôt après s'endormit,
Songeant à fon fort déplorable.
Enfin le pauvre miférable,
Forcé lui-même d'avouer
Qu'il n'était faint fi favorable
Auquel il ofât fe vouer,
Rêva qu'il fe donnait au diable.
Au même inftant s'offre à fes yeux
Gulifcar démon d'importance.
C'était un diable de finance,
Qui venait pour combler fes vœux.
— Suis moi, dit-il, loin de ces lieux,
Sans marquer crainte ni furprife ;
Ote avant bonnet & chemife ;
Il faut être abfolument nu.
De l'habit de dame nature
Le rêveur fimplement vêtu

Le Quine.

Dans une galerie obscure
Suit à tâtons l'être inconnu,
Qui sans lui dire un mot l'emmène,
Lui fait traverser un jardin,
Puis un bosquet, puis une plaine,
Puis entre dans un bois voisin.
Après maint détour il s'arrête
Et dit : — Gile ! examine bien !
Là le mathématicien
Mathieu Laensberg, qui n'est pas bête,
Pour ton profit & ton repos
Dans un coffret, sous une pierre
A trois pieds & demi sous terre
A déposé cinq numéros.
Mets-toi dès demain à l'ouvrage
Et viens creuser ce monument ;
Ces cinq numéros justement
Sortiront au premier tirage.
— Ils sortiront ? — Assurément.
— Grand merci, mon seigneur & maître,
Vous êtes mon second papa.
Mais demain comment reconnaître ?
— Comment ? parbleu ! fais-y caca.
Ainsi dit, ainsi fait. Notre homme
De Guliscar suit le conseil.
Quand, précipitant son réveil,
Quatre soufflets appliqués comme
Les distribue un bras nerveux
Et deux coups de pied vigoureux

Font faire une lourde cascade
A notre infortuné rêveur,
Qui tout disloqué, tout malade,
S'éveille en criant : — Au voleur !

Chacun sans peine le devine :
Ce pied, cette main assassine
Qui l'avaient assommé de coups
Appartenaient a la coquine
Dont l'avocat était l'époux.

Mais d'où provenait ce courroux ?
Parbleu ! de ce que maître Gile,
Ayant trop écouté l'esprit,
Pour marquer l'endroit, l'imbécile
Avait fait caca dans son lit.

Plancher de Valcour.

BOISENTIER.

(1248)

Boisentier, banquier blond & maigre,
Possède une femme, un commis,
Un petit domestique nègre,
Quelques parents & des amis.
De son épouse doit lui naître
Un joli petit héritier :
De quelle couleur va-t-il être ?
— Il sera blond, dit Boisentier.

Son commis, un garçon capable
Et fort habile à calculer,
Assure qu'il est vraisemblable
Que l'enfant va lui ressembler :
Il sera, s'il chasse de race,
D'un roux ardent comme un brasier,
D'un roux qu'on ne voit qu'en Alsace.
— Il sera blond, dit Boisentier.

Mais un des cousins de madame,
Arthur, est certain de son fait;
On n'est pas plus sûr de sa femme :
Le petit fera son portrait.
Cent raisons le portent à croire
Qu'il sera charmant cavalier,
Qu'il aura la moustache noire.
— Il sera blond, dit Boisentier.

Amis & voisins, tous ensemble,
Tous, excepté le mauricaud,
Veulent que l'enfant leur ressemble,
Qu'il soit gros, maigre, grand, courtaud,
Moyen, beau, laid, chétif, énorme ;
Bref chacun veut spécifier
Sa couleur, son poids & sa forme.
— Il sera blond, dit Boisentier.

Enfin le jour fatal arrive ;
Tous les prétendants sont venus :
Docteur présent, foule attentive,
Paris proposés & tenus.
On apporte un objet noirâtre,
Qui se met d'abord à crier...
L'enfant se trouve être un mulâtre...
— Il sera blond, dit Boisentier.

GUSTAVE NADAUD.

LE CANCRE DE MER.

(1. 258)

Un pauvre pêcheur marinier
Avoit une affaire en justice;
Or personne ne peut nier,
Qu'à Thémis un bon sacrifice
Ne soit utile en pareil cas.
A son procureur sçavoir plaire,
Graisser la patte aux avocats,
Rien n'éclaircit mieux une affaire.

Donc notre marinier malin

Fut trouver maître Pathelin,
Lui portant une pannerée
De cancres de mer gros & vifs,
Tout frais pêchés à la marée.
Or l'un de ces pauvres captifs
Tomba du panier, prit la fuite
Et, tandis que ſes compagnons
Alloient cuire aux petits oignons
Dans le fin fond de la marmite,
Il fut dextrement ſe gliſſer
Aux pieds du lit, ſous la courtine;
Puis dans l'eau voulant ſe muſſer,
Il ſaillit au pot à piſſer,
D'où ſortoit une odeur marine
Qui lui chatouilloit la narine.

La nuit vient; on ſe met au lit.
Madame avec Monſieur ſe couche;
Mais quand ce fut ſur le minuit,
Elle éprouva certain prurit
D'épancher une large douche,
Que ſes reins avoient en dépôt.
Sous le lit elle prend le pot,
Puis ſe délectant à l'avance,
Prête à décharger d'abondance
Cela qui lui peſoit le plus,
Tout bellement s'aſſied deſſus
Et lâche d'un jet ſa fuſée.
Sous la délectable roſée

Le Cancre de mer.

Le paillard cancre émouſtillé
S'émeut, s'agite, ſe dilate
Et vers le flot qui l'a mouillé
Il étend une large patte,
Tenaille aux doigts durs & velus
Qui happe & qui ne lâche plus.
Il ſaiſit... Eh! que put-il prendre?
Je ne ſais quoi ſi doux, ſi tendre,
Si délicat & ſi mignon
Que je n'oſe en dire le nom.
Il ſaiſit le bord frais & roſe,
Le limbe, la lèvre, la choſe
Ouverte en crête de foſſé
Sous un petit buiſſon friſé;
Il ſaiſit la tendre babine
Rouge au dedans noire au dehors
Où d'amour la ſource divine
Cache ſes enivrants tréſors.
En ſe ſentant pincer, Madame
Jeta des cris à fendre l'âme,
Si bien que Monſieur ſon mari
Se réveilla tout ahuri :
— Qui te fait crier de la ſorte?
— Ah! bonnes gens! quelle rigueur!
Un monſtre m'arrache le cœur...
Je pâme! je meurs!... je ſuis morte!...

Elle ne ceſſoit de pleurer
Et n'oſoit pourtant déclarer

Le Cancre de mer.

D'ou venoit fa douleur cruelle.
Monfieur court chercher la chandelle
Et, voyant où tenoit le cas :
— Paix ! dit-il, ne te trouble pas,
Je lui ferai bien lâcher prife ;
Il ne faut que souffler deffus.

Il souffle ; mais fon entreprife
Et fes efforts font fuperflus.
Bien mieux, à fa grande furprife,
Le cancre lève l'autre bras,
Lentement, grave comme un pape
Et par le bout du nez l'attrape.
Jugez un peu de l'embarras.

Étant auffi près de la chofe
Le bonhomme fut convaincu
Qu'il ne pouvoit être cocu
Sans en connaître à fond la caufe.

Il fallut trouver des cifeaux
Pour féparer ces deux vaiffeaux
Accrochés par une même ancre,
Et fi la bonne avec effort
N'eût coupé les pattes du cancre
Je crois qu'ils y feroient encor.

ÉPIPHANE SIDREDOULX.

L'ANDOUILLE.

(I. 263)

PICARDE étoit en vertus affortie,
Dame de nom, attentive fur tout,
Ce qui dénote une humble modeftie,
Sage à l'excès. Écoutez jufqu'au bout :
Fille elle avoit, de feu fon hymenée
L'unique fruit, & ce grand rejetton
Étoit déjà dans fa vingtième année :
La pauvre enfant, droite comme un bâton,
N'avoit jamais élevé la paupiere ;
Les bras croifés, d'une novice au chœur
Elle portoit la contenance entiere.

Parlez? néant! — Eh, fi! ha! quelle horreur!
Fille bien née, avant d'être majeure,
Ne parle point, lui difoit fa maman,
La voila donc qui muette demeure,
Génée en tout, plus jaune que fafran.
Avint un jour que noble compagnie
D'amis priés dînoit à la maifon :
En même tems la chère réunie
Offroit des plats & des mêts à foifon.
Ce fut alors que notre bouche clofe,
S'évertuant tout d'un coup, demanda
Permiffion de dire quelque chofe ;
Ce que fa mère en tremblant accorda.
— Ce que je vois me fait naître une envie.
— Envie! eh quoi? ma fille, expliquez-vous?
— Je voudrois bien voir une andouille en vie?
Ma chère mère, on n'en voit point chez nous.

PÉNITENCE
COURTE ET INFAILLIBLE.

(1. 273)

Au temps passé quand le bon saint Gelays
Sur maint pfautier rimait des amourettes
Et, déjouant Carmes & Récollets,
Jufqu'en l'Églife aux dévotes tendrettes
Contait ainfi cent gentilles fleurettes,
Une pucelle à confeffe un beau jour
Lui dit : — Mon père, oncques de cet amour
Que vous prêchez, mon cœur n'eut connaiffance...
— Ma fille, alors venez vite à la cour,
A tel péché nous favons pénitence.

ΕΦΗΣΟΣ.

LA MERDE ET LE COCHON.

FABLE.

(T. 289)

Au soleil contre un mur une merde fumait
      Et parfumait
  Les airs & le gazon à cent pas à la ronde.
C'était bien, s'il faut croire aux récits des passans
  La plus belle merde du monde.
A ses pures vapeurs mariant leur encens
Vingt étrons soupiraient pour ses appas naissans.
Lorsqu'un cochon survient, la flaire, la regarde
Et l'avale sans sel, ni poivre, ni moutarde.

MORALE.

Comme une merde ainsi chacun passe à son tour :
Le Temps est un cochon, qui détruit sans retour
  La beauté, la gloire & l'amour.

Le Docteur TOIRAC.

LE PRÉDICATEUR.

(II. 4)

TEL qui des Agnès séducteur,
De l'amour leur ouvre la lice,
Est, disoit un certain docteur,
De tous leurs péchés le complice :
S'il advient que le pied leur glisse,
Il en est damné comme auteur.
Jeanne, dont Blaise est l'affronteur,
A ce sermon s'écrioit d'aise :
— Oh ! l'excellent prédicateur :
Et que je vais bien damner Blaise !

LA MONNOYE.

LE TROMPETTE.

(II. 34[1])

La Fortune qui me sauva la vie
M'alla tout droict rendre en une abbaye,
Là où je vis de faces cramoyfies
Rouges prieurs, moynes d'heureufes vies,
Nez d'efcarlate, trufetez à plaifir,
Deffus le coude buvants tout à loifir.
Les corps avoient fi fales & fi gras

---

[1] Ce conte eft extrait d'un poëme de Jehan Martin de Choyfi, intitulé le *Papillon de Cupido*, où un amant transformé en papillon par l'Amour raconte fes aventures. — Ce poëme, publié en 1543, eft antérieur au *Moyen de parvenir*.

Le Trompette.

Qu'à cheminer ils en eſtoient tous las...
Leans eſtoit un fratre d'excellence
Qui fut troys fois dehors de l'alliance
De compaignons de ce gentil couvent.
Puis le voyant qu'il alloit ſi ſouvent
Hors du couvent & d'icelle abbaye,
Là me ſurvint une tres-grande envye
Faire ſur lui une ſecrette pauſe
Et hardiment (pour entendre la cauſe)
Je m'envolay ſoubz l'une de ſes manches.
En s'en allant le jour du ſainct dymanche
Diſner en ville après la ſaincte meſſe,
Il rencontra une dame de promeſſe
Qui commença luy dire & commander
De s'en venir en ſa maiſon diſner.
— Sans faulte je n'y ſçaurois bien aller
Car il me fault ailleurs aller parler.
Ainſi qu'ilz diſputoient cette deviſe
Vela la chambriere qu'aviſe
Le prieur & auſſi ſa maiſtreſſe
Qui venoient d'une grand viſteſſe.
Là un trompette eſtoit avec elle
Qui du plaiſir ſollicitoit la belle.
— Hélas ! amy, gaignez la cheminée
Et vous caichez, car je ſuis diffamée ;
C'eſt ma dame qui à venir s'avance,
Frère Thomas l'accompaigne en preſence.
Lors le rideaul abaiſſé & tiré
Le Trompette fut ſoubdain retyré.

Frère Thomas entra dedans la chambre
Ayant les yeulx attrayants comme l'ambre,
Puis la table honneftement parée
Fuft de beaulx meicts richement décorée.
Je m'eftois jà ferré au coin du lict,
Pour contempler leur bienheureux delict.
Puis quand la nappe fut du tout enlevée
Et la fervante s'en eftoit allée,
Fcirent de prés plufieurs attouchements,
Humbles baifers, auffi approchements,
En s'inclinant tellement fur le lict
Pour prendre en joye tant amoureux delict.
Se conjoignants en gratieulx affaultz,
De leurs beaux corps faifoient legiers furfaultz.
Les ays du lict faifoient triftes complainctes
En fouftenant des plaifirs les atteinctes.
Le Trompette qui s'eftoit là caiché,
Legierement a fa trompe embouché
En trompettant tara, tantara, trelara,
Tare, tantare, aprés qui l'aura.
Oncques ne fut dame fi eftonnée,
Quand elle veit qu'elle eftoit diffamée.
O! Trompette, mon amy gratieulx,
A mon honneur ne foyez envieux ;
Je vous fupply le me vouloir garder :
Et à plaifir me pouvez demander
Ce que viendra en voftre cognoiffance.
— Bien, Madame, je veulx la joyffance
Et la chambryère traicter à plaifance

En luy rendant parfaicte obedience,
La venir veoir dedans voſtre maiſon,
Quand je vouldray en prendre la faiſon.
Velà comment fut donnée la ſentence,
Tous quatre eſtans en meſme joyſſance.
Le frere raz ne fut plus eſtonné
Car le Trompette luy avoit pardonné.

       Martin de Choysi.

LA CHAPE A L'ÉVÊQUE.

(II. 35)

Au temps où l'Églife au berceau,
Révélant de la foi l'inviolable fceau,
Des faintes vérités fage dépofitaire,
Du culte de fon Dieu s'occupoit toute entière;
 Elle avoit auffi des pafteurs
De qui la charité difcrette & falutaire,
Des fragiles brebis lui cachoit les erreurs.
  En proceffion folemnelle,
Advint qu'un jour conduifant fon troupeau,
 Un faint prélat, fous le pont d'un ruiffeau,
 Apperçut gars & fraîche jouvencelle,

La Chape à l'évêque.

Qui lors faisoient l'office de Vénus;
Pas ne voulut troubler leur oremus,
C'eût été faire un honteux étalage
  Du scandaleux libertinage,
  Que de tourner de ce côté
  Les yeux de sa troupe fidèle.
Voyez ici l'effet d'un charitable zèle !
Le secourable chef, du chemin écarté,
  Sa chape détache & déploye,
  En couvre nos jeunes amans,
Saintement les rassure : & de qui l'a dedans
  Dit-il, elle sera la proye.
  Après les amoureux débats,
Sur ces mots captieux vinrent maints altercats :
— La chape, dit le gars, de droit m'est dévolue;
  Je la donne à qui l'a dedans...
  — C'est aussi comme je l'entends ;
Par la loi de nature elle m'est plutôt due,
Repartit la donzelle. Eh ! ne l'avois-je pas,
Lorsque vers nous il a conduit ses pas ?
Cela ne doit passer pour fait imaginaire ;
En plus d'un tribunal on vit traîner l'affaire :
  Les plus éclairés magistrats
N'oserent prononcer sentence sur ce cas.
En proverbe on tourna cette cause douteuse,
Que Salomon lui-même eût trouvée épineuse.

      GRÉCOURT.

LE MOINE MALADROIT.

(II. 36)

œur Agnès fait le démon,
Frère Simon;
Elle se plaint de toi,
Dis-nous pourquoi
Nous as-tu fait affront?
Je vois rougir ton front.
Chaque mot te confond.
Répond!
— Je vais conter mon malheur,
Avec candeur :
Je suis un grand pécheur,
Père prieur,
Indigne désormais
D'être jamais
Parmi vos frères lais.
Compagnon

Le moine maladroit.

Du frère Oignon,
Le soir chez les Ursulines,
Au dortoir
Nous allions voir
Deux nonnains, après matines.
Dans la chambre de sœur Isabeau.
Il entre sans flambeau ;
Et moi je me coule après
Chez sœur Agnès.
Hélas !
— Mon père, vous ne le croirez pas.
— Va, va, conte le cas.
— Debout tous deux
Je m'y prenois de mon mieux :
Mais, mais quel coup fâcheux !

Pour aller au choc
Je troussois son froc ;
Puis quittois le sien
Pour lever le mien :
Mais l'un abaissoit
Quand l'autre haussoit.
— Va, tu n'es qu'un maladroit.
En pareil cas,
Lorsqu'une innocente n'aide pas,
Prens, mordieu, prens
Ta maudite robe avec les dents.

L'ÉPOUX MATINAL.

(II. 37)

Certain bourgeois, ami du jardinage,
Se maria sur le retour de l'âge.
Dans son faubourg, pour meubler sa maison
Il s'avisa de choisir un tendron
Droit comme un lys & frais comme une rose.
Le vieux mari, deux jours après l'hymen,
Avant l'aurore était dans son jardin.
Quelqu'un le voit qui bêche, plante, arrose ;
Surpris de l'heure, il lui dit : — « Mon voisin,
Vous travaillez aujourd'hui bien matin. »
L'époux répond : — « Eh non, je me repose. »

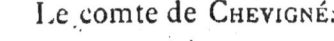

Le comte de CHÉVIGNÉ.

LE BIEN MAL PLACÉ.

(II. 42)

Une dame blâmoit sa servante accusée
D'avoir fait en jouant ce qu'on fait de-là l'eau
— Vien-ça, nomme-le-moi, pauvre fille abusée,
Le méchant qui chez nous osa faire un bordeau.
— C'est votre maréchal, madame. — Oh! la rusée!
Combien as-tu de fois remmanché son manteau ?
— Il me le fit six coups, en filant ma fusée ;
Encore vouloit-il lever mon devanteau...
— Six coups, se dit la dame en extase ravie!
Une femme d'honneur s'en feroit bien servie.
Ote-toi ; ta présence attire mon couroux.
La laide! la souillon! la petite impudente!
C'est bien à telle gueuse à le faire six coups?
Je m'y passerois bien, moi qui suis présidente !

LA FEMME DE BIEN.

(II. 42)

Un préfident, juge intègre & févère
Interrogeait fur l'emploi de fa nuit
La jeune Irma, prêtreffe de Cythère :
On accufait fon couvent d'un délit.
La préfidente en baiffant la paupière
A quelques pas, tout oreille, écoutait
Ce qu'en tremblant la fille racontait.
« Six amoureux, dit tout bas la nonnette,
Par notre abbeffe introduits tour à tour,
Se font chez moi divertis jufqu'au jour,
En égayant à l'envi ma chambrette

De mots joyeux, de champagne & d'amour. »
« — Voyez un peu, fe dit la préfidente,
Quel appétit ont ces femmes de rien !
Six amoureux ! une femme de bien
De deux au plus fort fouvent fe contente. »

Le comte de CHEVIGNÉ.

LE MOT LATIN.

CHANSON A DANSER.

(II. 47).

ROIS filles, dans un jardin,
L'autre jour prirent querelle
Pour fçavoir comme en latin
Se nommoit une groseille.
Chacune à son tour parla :
Margotton dit *grosela,*
Groselus, dit Marion,
Et Fanchon dit *groselon.*

Sur ce plaisant different
Qui les tenoit en grabuge,
Survint un jeune galant
Qui voulut être leur juge.
Chacune à son tour parla :
Magotton dit *grosela,*

Grofelus, dit Marion,
Et Fanchon dit *grofelon.*

Grofela n'eſt pas latin,
Dit l'amant en ſa ſentence,
Grofelus eſt baragoin,
Grofelon eſt élégance.
Arrêtez vous a cela :
Renvoyez moi *grofela*
Et *grofelus* au billon,
Servez vous de *grofelon.*

(*Recueil des plus belles chanſons, &c.*,
Paris, Vᵉ N. Oudot, 1726, in-12.)

OS OU NERF.

(II. 47)

Un bernardin montroit à sœur Annette
Jé ne sçais quoi gros comme un cervelas.
A cet aspect : — Saint Jean ! que vois-je ? Hélas !
Montrez-le encor, s'écria la nonnette.
C'est qu'il est dur comme corne de cerf.
Seroit-ce un os ? ou bien seroit-ce un nerf !
Dites-moi donc ce que ce pourroit être ?
— Or devinez, ma sœur, reprit le traître,
Qui cependant caressoit le téton,
Et, pour mieux voir, levoit & guimpe & voile.
— Mais, dit la sœur, je ne sçais... Ah ! bon, bon ;
Oui, c'est un os ; car en voici la moelle.

LES DEUX PUCELLES.

(II. 47)

Entre deux péronnelles,
Jadis furgit grave débat :
L'une novice en l'amoureux combat
Et l'autre dans l'âge où les belles
Font peu de cas du célibat.
La première voulait que de l'Amour les armes,
Fuffent de nerf, l'autre à l'os inclinait,
Et la preuve qu'elle en donnait
Pour la pudeur n'était pas fans alarmes.
Voici donc comme elle opinait :
— Rapporte-t'en à moi, Louife;
Car là-deffus j'en fais plus long que toi.
Rofière on peut être à l'Églife
Pour quelquefois ne l'être pas chez foi.
Affure-toi que c'eft un os, ma belle.
— Bien ! mais comment ? dit Louife auffitôt.

— Eh! par moi, chère demoifelle,
Repart un gars qui, caché derrière elle,
Les écoutait, ne fonnant mot.
L'une eut du nerf, l'autre de l'os, & fot
Qui, comme lui, n'eut fini la querelle.

LIBER.

NABUCHODONOSOR.

(II. 50)

JEUNE fillette est un friand morceau,
Quand simple esprit, caché sous fine peau,
Conserve encor la première innocence
D'Ève & d'Adam. Le cas, lorsque j'y pense,
En ce tems-ci me paroit fort nouveau.

Une pourtant, ayant corsage beau,
Dans un couvent étoit dès son enfance,
Où volontiers l'on faisoit abstinence
D'un capuchon, bien moins que d'un chapeau ;
Pas un n'entroit cependant à la grille,

Et n'avoit vû notre simplette fille
Que gens à froc, mal propres à donner
Cet entre gent qui nous fait raisonner;
Ainsi n'étoit surprenante merveille;
Que la pauvrette, en cet âge tout d'or,
Doutât de tout, & ne fût pas encor
Si l'on faisoit les enfans par l'oreille.
Une poupée étoit sa passion,
Quelques fuseaux son occupation.
L'unique jeu qui châtouilloit son âme
Étoit le hère, ou bien le trou madame;
Surtout sur elle assez propre elle étoit,
Et découvrant mille beautés naissantes,
Tous les matins ses puces épluchoit
Avec grand'soin; & ses mains innocentes
N'avoient sur elle encor pris aucun droit.
Or elle étoit d'humeur douce & craintive;
Si bien qu'un jour un gros frere prêcheur,
Bon biberon, mauvais prédicateur,
Se débattant, crioit contre le vice,
Et dépeignant sa honte & sa malice,
Disoit qu'alors que l'on avoit péché,
L'homme changeoit de nature & de forme
Et qu'aussi-tôt qu'on avoit trébuché,
Le plus beau corps devenoit tout difforme.
Jadis le roi Nabuchodonosor,
Devint velu comme une grosse bête,
Depuis les pieds, dit-il, jusqu'à la tête.
Cent beaux discours il ajoutoit encor,

Pour faire peur à toute pécherefſe.
La pauvre enfant tout bas faifoit promeſſe.
D'en profiter; la prédication
Sur fon efprit fit grande impreſſion.
A peine eut-elle appris ces belles chofes,
Que le printemps qui fait naître des rofes,
En fit pouſſer chez elle deux boutons,
Vulgairement appellés des tétons :
Tétons naiſſans qui commençoient à poindre,
Mais d'elle encor toutefois ignorés ;
Beaux, blancs, ronds, frais & fi bien féparés,
Qu'ils promettoient de ne jamais fe joindre,

Or un matin qu'elle admiroit venir
Ces deux enfans à face demi-ronde,
Et ne fçavoit de quoi s'entretenir,
Ne fachant pas qui les mettoit au monde,
Elle aperçut qu'une puce couroit
Sur fes tétons; elle la voulut prendre :
La puce agile alors vint à defcendre ;
La jeune fille en tout lieu regardoit,
Fort attentive où la puce fautoit.
La main par-tout fe promene & fe joue ;
Lors très-furprife Agnès fut à l'inftant
A certain lieu du poil appercevant.
Elle examine à fond fa confcience,
Et croit qu'après avoir fait groſſe offenfe,
Le ciel vouloit juftement la punir ;
Que groſſe bête elle alloit devenir,

Ne croyant pas qu'on eût, fans être bête,
Cheveux naiſſans autre part qu'à la tête.
Ainſi l'effroi la prend de toutes parts,
Et detournant ſes innocens regards,
Las! elle crut n'avoir plus d'innocence.
Elle en faiſoit mainte condoléance,
Et regardant, en pleurant quelquefois,
Si même poil ne couvroit pas ſes doigts;
S'imaginant qu'a l'exemple des chattes,
Bientôt alloit marcher à quatre pattes;
Elle ſe croit à deux doigts de l'enfer.
Hélas! qu'à tort la pauvrette ſe blâme.
Eh! quel péché peut-elle s'imputer?
Pas un petit mouvement de la chair
N'avoit encor aiguillonné ſon âme.
Elle s'habille avec grande frayeur;
Et ne trouvant le pere confeſſeur,
Elle s'en va trouver la mere abbeſſe,
Et toute en pleurs à ſes pieds ſe confeſſe,
En lui diſant : — J'ai perdu le tréſor
De l'innocence! alors baiſſant la tête,
Elle ajouta : le ciel me change en bête,
Comme le roi Nabuchodonoſor.
J'ai mérité toute votre colère.
Le cas ſurprit la révérende mere.
La jeune fille, en ſoupirant tout bas,
Lui raconta, non ſans larmes, le cas.
L'abbeſſe fit un grand éclat de rire;
Croyant par là la tirer de ſouci,

Sans expliquer ce qu'elle n'ofoit dire,
Mais fon deffein n'ayant pas réuffi,
Et remarquant la fillette confufe :
Il faut enfin que je la defabufe ;
La pauvre enfant ! elle me fait pitié,
Levant la robe un peu plus de moitié,
La fille voit chofe qui l'émerveille,
En rencontrant une toifon pareille.
Hélas ! dit-elle, un femblable malheur
Me fait avoir pour vous la même peur ;
Et vous & moi nous fommes péchereffes.
Il fut befoin d'appeller les maîtreffes,
Tant pour finir fa crainte, en lui montrant
Que chaque fœur en avoit autant,
Que pour l'honneur de cette digne abbeffe,
Qui n'eût voulu paffer pour pécherefle.
La fimple Agnès fe confola d'abord,
De voir par-tout Nabuchodonofor.

GRÉCOURT.

AUTRE

(II. 50)

Certain froquart prêchant à des nonnettes,
Leur dit : — Mes sœurs, Nabuchodonosor,
Ainsi qu'il est écrit dans les prophètes.
Pour avoir fait adorer le veau d'or,
Se vit couvert en guise d'une bête,
D'un gros poil noir des pieds jusqu'à la tête.
Dès le soir même, une jeune nonnain,
Ayant porté je ne sçais où la main,
Sentit du poil. La pauvrette étonnée,
Montra l'endroit à la dame Renée :
— Pour mon péché, disoit-elle en pleurant,
Dieu me punit comme ce roi méchant.
— Eh ! vraiment oui, dit l'abbesse dévote ;
Mais tu n'en as que pour un véniel.
Alors, troussant sa chemise & sa cotte :
Tiens, en voilà pour un péché mortel !

GRÉCOURT.

LA MORT CIVILE.

(II. 55)

MESSIRE Jean, confesseur de fillettes,
Confessoit Jeanne, assez cointe & jolie,
Qui, pour avoir de belles oreillettes,
Avec un moine avoit fait la folie.
Entr'autres points, messire Jean n'oublie
A démontrer cet horrible forfait.
— Las! disoit-il, ma mie, qu'as-tu fait?
Regarde bien le point où je me fonde :
Cet homme, alors qu'il fut moins parfait,
Perdit la vie & mourut quant au monde.
N'as-tu point peur que la terre ne fonde,
D'avoir couché avec un homme mort?
De cœur contrit Jeanne ses lèvres mord.
— Mort! ce dit-elle : en dà, je n'en crois rien :
Je l'ai vu vif, depuis ne sçais combien :
Et même alors qu'il faisoit cette affaire,
Il me buttoit & congnoit aussi bien
En homme vif, comme vous pourriez faire.

Clément Marot.

AUTRE.

DE son vieux mari mécontente,
Une jeune femme vouloit
Rompre un himen qui l'ennuyoit.
Pour témoin, avec la plaignante
Un grand moine se présentoit,
Et devant le juge on étoit.
Le mari, sçavant personnage
Dit au père : — Allons doucement,
Ici l'on ne peut nullement
Recevoir votre témoignage,
Vous êtes mort civilement.
— Moi, dit le moine brusquement,
Que veut dire cette pécore ?
Madame, dites promptement
Si, ce matin, je n'étois pas encore
Et très-civil & très-vivant.

DE PAR LE ROI.

(II. 60)

Au temps fanglant des guerres inteftines,
Souvent le cloître abrita le malheur.
Les échevins, informés qu'un ligueur
Se cache à Reims chez les Vifitandines
(La jeune abbeffe était, dit-on, fa fœur),
Ont donné l'ordre aux archers qu'on l'arrête.

Henri Dozon, jeune & beau commandant,
Au point du jour va frapper au couvent.
Tout fommeillait. Lors il lui vient en tête
Un projet fou : les plus extravagants

Plaifent toujours à qui n'a que vingt ans.
Sur le préau, pour veiller à la porte,
Ayant eu foin de laiffer fon efcorte,
Dans le dortoir où la nuit règne encor
Il entre & dit d'une voix de Stentor :
« — De par le Roi, jeune abbeffe & nonnettes,
Dans l'intérêt de la fainte maifon,
Vous recevrez, en perfonnes difcrètes,
Dans votre lit fon ferviteur Dozon. »
Tout en parlant, il agitait fes armes.
Leur cliquetis caufe aux fœurs tant d'effroi
Que de l'alcôve, où l'abbeffe & fes charmes
Dormaient en paix, une fille en émoi
S'élance & crie : « — Ah! grâce pour l'abbeffe,
Monfieur l'archer; prenez plutôt fa nièce :
Voici mon lit! » — « Et pourquoi donc pas moi,
Petit ferpent, dit l'abbeffe en colère;
A mon devoir me voit-on la dernière?
Venez, monfieur, fi c'eft de par le roi. »

Le comte de CHEVIGNÉ.

SŒUR AGNÈS.

(II. 60)

Des lansquenets hommes durs
Accoutumés aux rapines
De nuit chez les Ursulines,
Pénétrèrent par les murs.
Ils fouillent caves, cuisines,
Prennent d'assaut le dortoir ;
Les tonnes sont défoncées,
Les jeunes nonnains troussées,
Au clair de lune font voir
Des beautés que leur miroir
Jamais n'avait réfléchies ;
Bref, dans les affreux dégâts
De ces huguenots impies
Vingt sœurs ont sauté le pas.

Le lendemain de l'esclandre

Chacune brûle d'apprendre
Si c'est commettre un péché
Quand on n'a pu se défendre.
Un courrier est dépéché
Au révérend père Jules.
Il arrive, il est touché
De leurs pudiques scrupules :
« Rassurez-vous, chères sœurs ;
Par la force dissolue
Si votre chair est pollue,
Chastes sont restés vos cœurs.
Retenez cet axiome :
Mulier, dit saint Pacôme,
Non peccat vi coacta. »
Sœur Agnès, voyant cela,
Dit, d'un air modeste & sage :
« De bénir le ciel j'ai lieu,
Car j'avais, j'en fais l'aveu,
Souhaité dès mon jeune âge
De perdre mon pucelage
Sans offenser le bon Dieu. »

Van den Zande.

LE GASCON.

(II. 88)

JE foupçonne fort une hiftoire,
Quand le héros en eft l'auteur :
L'amour-propre & la vaine gloire
Rendent fouvent l'homme menteur.
On fait toujours fi bien fon compte,
Qu'on tire de l'honneur de tout ce qu'on raconte.
A ce propos, un Gafcon, l'autre jour,
A table, au cabaret, avec un camarade,
    De gafconade en gafconade,
    Tomba fur fes exploits d'amour;
Dieu fçait fi là-deffus il en avoit à dire.
Une groffe fervante, à quatre pas de là,
    Prêtoit l'oreille à tout cela,
Et faifoit de fon mieux pour s'empêcher de rire.
A l'entendre conter, il n'étoit dans Paris
    De Cloris,

Dont il ne connût la ruelle,
Dont il n'eût eu quelques faveurs,
Son air étoit le trébuchet des cœurs ;
Il aimoit celle-là, parce qu'elle étoit belle ;
Celle-ci payoit fes douceurs ;
Il avoit chaque jour des garnitures d'elle.
De plus, il étoit fort heureux ;
Il n'étoit pas moins vigoureux :
Telle dame en étoit amplement affurée.
A telle autre, en une foirée,
Il avoit fçu donner jufques à dix affauts.
Ah ! pour le coup notre fervante
Ne put pas s'empêcher de s'écrier tout haut :
— Malapefte, comme il fe vante !
Par ma foi, je voudrois avoir ce qu'il s'en faut.

AUTREAU.

LE DÉMÉNAGEMENT DU CURÉ.

(II. 91)

J'ai toujours vénéré les curés de campagne.
D'où vient cela? Je n'en fais rien,
Si non que chez nous, en Champagne,
La plupart font des gens de bien,
Simples de cœur & de maintien,
Que toujours la grâce accompagne
Et toujours fuit : tels faint Roch & fon chien.
La preuve en eft dans ce vicaire
Frais émoulu du féminaire,
Chafte, modefte & bon chrétien,
Qui rencontrant la jardinière

Thérèfe, feulette un matin,
Lui mit la main fur le tétin,
Façon de rire & d'entrer en matière.
Celle-ci dit : — Y penfez-vous?
Vous favez mon mari jaloux
Et vous n'en prenez garde aucune!
Attendez plutôt à la brune,
Quand j'irai vous porter vos choux;
Vous en prendrez tout à votre aife.
Mais ici point! ne vous déplaife;
On nous verrait. En pareil cas,
C'eft trop chanceux, je ne veux pas.
Force lui fut qu'il laiffât là Thérèfe,
Non toutefois fans lui recommander
Qu'auffitôt nuit elle vînt fans tarder.
Ce qu'elle fit, mais bien accompagnée.
Car fon mari, bourru, brutal,
La voyant fort embefognée
A s'attifer, fe mirer, l'animal
Raifonna jufte en penfant mal.
— Femme, dit-il, fi bien parée
S'en va pour fûr à la curée.
Diffimulons, mais fuivons-la.
Chez le curé donc la voilà.
— Salut, l'abbé. — Bonfoir, Thérèfe,
Approchez-vous & qu'on vous baife,
Là, fur mon lit affeyez-vous.
— Dieux! qu'on eft bien! comme il eft doux
Vous devriez, père Bonaventure,

Le déménagement du Curé.

Nous le donner, disait la créature.
Vous êtes bon, charitable entre tous
Et nous couchons, vous savez sur la dure,
Moi, mes enfants & mon brutal époux,
 — Défaites donc la couverture;
 Dit le sire avec un murmure;
 Car il est tard; dépêchons-nous!
 Il la pousse & gare dessous!
En ce moment l'époux survient & crie :
 — Ah! fausse chienne! attends, furie!
 Ainsi que toi, vil calottin,
 Vous allez sentir mon gourdin.
 Et secouant leur friperie,
 L'autre s'en donne Dieu merci!
 Cependant le curé transi
 De peur d'une telle aventure
 Restait muet, la belle aussi,
Quand le mari leur fit cette ouverture.
 — A l'exemple du bon pasteur
 Pas ne veux la mort du pécheur,
 Mais plutôt qu'il se convertisse.
 C'est pourquoi, curé suborneur,
 Tu vas payer pour ta complice,
 Ou si non je me fais justice.
 Sus! qu'on finance! ou l'on verra
 Qui des deux s'en repentira.
 Le curé de peur du scandale
 N'osant appeler le voisin,
 Moitié figue, moitié raisin,

Tout rechignant court à fa malle
Où repofaient maints beaux écus
Bien trébuchants & qu'il ne verra plus.
— Prends-les, dit-il, & puis détale.
Sans les compter l'autre les prend,
Les met en poche & puis reprend :
— Ce n'eft pas tout, c'eft un à compte,
Car il me faut encor ce lit,
Ces draps fouillés, couverts de honte,
Ces oreillers, complices du délit,
Ce matelas ferait aufli mon compte,
Et ces rideaux ; qu'on les démonte!
Ils feront mieux dans mon logis ;
Et faites-vite, ou craignez pis.
Le curé marchandait : — Compère,
Dit la ribaude, écoutez-moi :
Je vais allez quérir Éloi
Le porte-faix ; c'eft mon beau-frère,
Afin qu'il vienne au prefbytère,
Avec fa charrette, & je crois
Qu'il prendra tout en une fois.
Vous le donnez : c'eft très-bien faire...
— Et d'un bon cœur, repart l'époux.
Mais faites mieux, diantre, aidez-nous.
Ainfi le fit ce pafteur débonnaire
Frottant fon dos, fes reins meurtris
Et tout heureux d'en fortir à ce prix.

LIBER.
(Les Pantagruéliques.)

LA FILLE VIOLÉE.

(II. 105)

Dans tous les tems on a parlé,
On parle tous les jours encore
De femme que par force un brutal défho-
De jeune tendron violé, [nore,
Même il eſt par les loix des peines décernées
Contre ces ardeurs effrenées.
Toutefois de ce point je ſuis toujours ſurpris :
Et je crois encor moins au viol qu'aux eſprits
Vous m'allez apporter l'exemple de Lucrèce.
Eh bien ! Lucrèce ſoit. Qui dira ſûrement
Si de ſa part quelque conſentement

N'aida pas de Tarquin la brutale tendreſſe ?
Mais elle ſe donna le trépas de ſa main.
Il eſt vrai. Mais qui ſçait ſi ce coup inhumain
  Fut pour montrer ſon innocence,
  Ou pour punir ſon peu de réſiſtance ?
Croyez-moi, quels que ſoient les efforts d'un amant,
Une belle toujours y réſiſte aiſément.
Or donc, toutes les fois qu'en l'amoureuſe affaire
Un téméraire amant vient à ſe ſatisfaire,
Comptez que la ſouffrante en ſecret y conſent :
Je vais vous en donner un exemple récent.

  Zénogris, fille grande & forte,
Mais ingénue autant que fille de ſa ſorte,
Autour d'elle laiſſa tant rôder un amant,
  Qu'enfin, je ne ſçais trop comment,
Ses robes chaque jour devenoient trop étroites.
  Comme elle étoit des moins adroites,
Ses parens auſſi-tôt s'apperçurent du cas.
  Dieu ſçait quel bruit & quel fracas
  Ce fut dans toute la famille !
Cependant le galant, quoique petit, malfait,
Étant riche, ce point adoucit tout le fait.
  D'abord le père de la fille
  Va propoſer au ſuborneur
D'épouſer Zénogris pour ſauver ſon honneur.
Épouſer eſt un fort où rarement aſpirent
Ceux qu'amour n'a pas fait vainement ſoupirer :
  Et c'eſt ce qu'à peine ils déſirent,
  Quand ils ont tout à déſirer.

La Fille violée.

Auſſi Cléon (c'eſt le nom du jeune homme),
A ce triſte propos n'eut garde de céder.
    On ſupplie, on menace, on ſomme :
    Le plus court fut donc de plaider.
Devant les magiſtrats notre belle éplorée
Se plaint, montrant ſon ventre à ſon menton égal,
    D'avoir été deſhonorée,
Et demande qu'enfin par le nœud conjugal.
    Cette honte ſoit réparée.
    Cléon, d'une mine aſſurée,
Et fourbe, comme font les hommes d'aujourd'hui,
    Dit que le fait n'eſt pas de lui.
En cent façons on tâche à le ſurprendre :
    Quelque détour qu'on puiſſe prendre,
Le drôle adroitement de tout ſçait ſe tirer :
— Eh bien, meſſieurs, répond Zénogris déſolée,
Puiſqu'il m'y force enfin, il faut tout déclarer :
    Le perfide m'a violée !
Debout, contre une porte arriva l'accident.
    — Mais comment, dit le préſident,
Un homme ſi petit qu'à peine il peut atteindre
    De ſa main juſqu'à votre front,
    A-t-il pû debout vous contraindre
    A recevoir un tel affront ?
    — Hélas ! la choſe eſt très-certaine,
    Répond Zénogris ſans tarder :
Le voyant haleter & ſouffrir tant de peine,
Je me baiſſai tant ſoit peu pour l'aider.
    A ces mots, de rire éclatèrent

Les Juges, & la déboutèrent
De fa vaine prétention.

Si l'on jugeoit fans paffion,
Ou plutôt fans prévention,
Tout ce que dans le monde on nomme violence,
On verroit que ce n'eft que pure fiction ;
Et l'on n'y trouveroit que trop de reffemblance
A cette comique action.

Piron.

AUTRE.

(II. 105)

Au commissaire, un jour certaine Aminte
En hâte fut porter ainsi sa plainte :
— Ah! monseigneur, dit-elle avec douleur,
Prenez pitié de mon malheur extrême ;
J'implore ici votre pouvoir suprême :
Jean contre un mur vient d'arracher ma fleur !
— Comment cela, dit-il, s'est-il pû faire ?
Le ravisseur est plus petit que vous.
— Las ! il est vrai, répondit la commère ;
Mais, monseigneur, je ployais les genoux.

LE MALENTENDU.

(II. 106)

GUILLAUME un jour trouva madame
Qui dormait fur un gazon vert,
Et brûlé d'une ardente flamme,
Il veut la fervir à couvert.
Au baifer la belle s'éveille :
— Quoi Guillaume, vous m'accolez ?
Votre impudence eft fans pareille !
Qui vous rend fi hardi ? parlez !
— Qui me rend fi hardi ? perfonne ;
Et, fi madame me l'ordonne,
Je m'ôterai, dit l'étourdi.
— Vraiment l'impudence eft trop grande !
Reftez-y ; mais je vous demande
Qui vous a rendu fi hardi ?

      E. S.

LE PAUVRE LOUP.

(II. 106)

Un amoureux tranfi dans une tendre idylle
Pour une veuve au cœur facile
Fit éclater fa paffion.
La dame ayant goûté la déclaration,
Lui donna rendez-vous & le reçut couchée.
Après mainte fadeur mollement décochée,
Il fe jette à genoux : « Doux objet de mon choix,
Ah! fi je vous tenais, madame, au fond d'un bois! »
La veuve à ce propos faifant l'effarouchée : [gorger!
« Au fond d'un bois, grand Dieu! c'eft donc pour m'é-
Hors d'ici, loup caché fous l'habit du berger. »

Van den Zande.

LA DETTE AMORTIE.

(II. 107)

Une jeune marchande étoit
Qui toujours beaux habits portoit,
Aimant fort à se voir brave, lefte & pimpante.
Ce n'eft pas là chofe fort furprenante.
Jeunes marchandes font de toute nation,
Qu'on voit avoir même inclination.
Cependant pour fournir à fa folle dépenfe,
Il falloit beaucoup de finance :
Habits neufs fi fréquents ne fe font pas pour rien ;
Tout cela retomboit fur le dos d'un bon homme,
Qui voyoit à regret diminuer fon bien ;

La belle foutiroit au pauvre citoyen,
    Pour chaque baifer, quelque fomme.
   Enfin, un jour il fe fâcha.
Elle lui demandoit pour avoir une jupe.
— Quoi, ma femme, dit-il, me prenez-vous pour dupe?
Ah! vous épuiferiez les tréfors du Bacha!
    Oh! ma foi, ne vous en déplaife,
    Si ce train continue encor,
    Vous me mettrez bien à mon aife.
Il m'en coûte par là plus de dix louis d'or
    Pour chaque fois que je vous baife;
    Je ne veux plus être fi fou.
    — Vraiment vous me la baillez belle!
   Baifez-moi fi fouvent, dit-elle,
   Qu'il ne vous en coûte qu'un fou.

LE BON MARCHÉ.

(II. 107)

Tout frais loti de riche patrimoine,
   Un jeune gars auprès de certain moine
   Se confessait. C'est merveille à noter;
   Verte jeunesse & qui vient d'hériter
Biens à foison, de sérieuse affaire
Peu s'embarrasse; aussi le vert galant
N'y procédait qu'à son corps défendant
Trop bien était obligé de le faire :
Il prenait femme & tel cas requérait
Confession, même certifiée.
Donc pour avoir l'âme purifiée
Son cas au Père humblement déclarait :
— J'ai forniqué, dit-il, & de plus je retombe
En tel méchef & même fréquemment.
Comme en ce point j'adresse heureusement,
Sans résister aussitôt je succombe.

Le Bon Marché.

Naguère encor je trouvai par hasard
Jeune tendron au séduisant regard,
    Fraîche, dodue & d'un corsage
    A déconfire le plus sage.
Tel morceau met continence aux abois.
Bref j'ai commis avec elle trois fois
    Le crime impur. — Qu'avez-vous fait, mon frère !
Reprit le confesseur avec un ton sévère.
Vous vous creusez un abîme profond
Et ces plaisirs brutaux, que vous nommez faiblesses,
Ruinent la santé, dévorent les richesses.
    Femme est un gouffre, un puits sans fond.
— Las ! dit le pénitent, je ne dépense guère
En mes ébats & le dernier n'alla
Qu'à trente sous; ce n'est pas grande affaire.
— A trente sous ! dit le moine en colère,
    Où prenez-vous ces marchés-là ?

VERGIER.

LE CONSEIL SUIVI.

(II. 110)

Dans un canton de la Bourgogne
(C'était je crois près de Mâcon)
Chez un bourgeois à rouge trogne
Que nommerai, si le voulez, Cléon,
Servait tendron friand qu'on appelait Lison.
Seize ans trois mois, voilà son âge.
L'œil le plus vif, appétissant corsage
Tétons naissants, charmans quoique brunis,
Bouche rosée, assez joli visage...
Bref elle avait tous les dons réunis,
Et pardessus la fillette était sage.

Le Conseil suivi.

Mais pour Cléon de trop était ce point;
Car, quoique ayant femme de bonne mise
Encore fraîche & bien en embonpoint,
Bien ne se tint qu'il ne convoitât Lise.
Il le lui dit; lui promit, mais en vain,
Corsets, fichus, ce qui peut faire naître
Désirs pressants en un cœur féminin;
Sourde elle fut, & voire un beau matin
Que de trop près il la serrait peut-être,
  Avec un bon revers de main
  La fillette l'envoya paître.
Rien ne pouvaient sur elle les présents,
  Car Lise n'était point coquette :
Voire en tous points on la tenait parfaite,
Fors en un seul qu'elle cachait aux gens.
  Son papa, messire Grégoire,
  Était un pauvre vigneron :
  Mais le bonhomme aimait à boire;
Et, dès l'enfance, à ce que dit l'histoire,
  Lise tenait tête au dâron
  Et buvait... comme un Bourguignon.
Rien n'en savaient le patron, la patronne
Qui s'étonnant de voir baisser la tonne,
De jour en jour bien plus que de raison,
Ne soupçonnaient cependant point Lison.
Mais, ô revers! découverte funeste!
D'un pied léger, d'une démarche leste,
Lise, un beau jour, descend la cruche en main
Avant dîner, & son maître soudain

D'un pied furtif la fuivant à la cave,
  La furprend qui lampait fon vin.
Muette fut, tant le cas était grave...
— Oh! oh! dit-il, la belle! c'eſt donc vous
Si gentiment qui videz la futaille?
Grand bien vous faſſe! or favez, entre nous,
Depuis combien avec vous je bataille
Soir & matin, pour ce déduit tant doux..
Il faut foudain qu'en paſſe mon envie
Sur le lieu même, ou dans l'inſtant, ma mie,
De ce logis il vous faut déloger
Et dans la geôle aller s'emménager.
Des miens amis eſt le baillif Gros-Pierre ;
Faites état, s'il plaît, que le compère
Ne traînera votre cas en longueur.
Décidez-vous : voyez qu'avez à faire ;
Ou la prifon, ou bien la douce affaire ;
Ou le baillif, ou votre ferviteur ?

L'alternative, hélas! était cruelle ;
Mais pouvait-on longtemps y réfléchir?
On conçoit bien que dans l'inſtant la belle
A la douleur préféra le plaiſir.
Sur la futaille auſſitôt il la jette,
Et rehauſſant linge de la fillette,
De prime abord, de la main & des yeux,
Il careſſa la gentille cachette,
Aſile fombre & but délicieux
Qui de l'Amour attire la fagette.

Mais le dîner pour lors étant tout chaud,
Prêt à fervir, on entendit bientôt
Crier Madame, & la pauvre fervante
En cet inftant, fe vit prife d'affaut.
— Que fais-tu donc là-bas ? — Je tiens la fente
Par où coule mon vin, lui cria fon mari.
— Quoi ! tu la tiens ! ah ! que j'en fuis ravie !
Bouche-la bien, entends-tu, mon ami !...
  — Auffi fais-je, ma bonne amie.

Plancher de Valcour.

L'ASNE BASTÉ.

(II. 112)

Un peintre étoit, qui, jaloux de sa femme,
Allant aux champs, lui peignit un baudet
Sur le nombril, en guise de cachet.
Un sien confrère, amoureux de la dame,
La va trouver, & l'âne efface net;
Dieu sçait comment! puis un autre en remet
Au même endroit, ainsi que pouvez croire.
A celui-ci, par faute de mémoire,
Il mit un bât, l'autre n'en avoit point :
L'époux revient, veut s'éclaircir du point :
— Voyez, mon fils, dit la bonne commere;
L'âne est témoin de ma fidélité.
— Diantre soit fait, dit l'époux en colere,
Et du témoin, & de qui l'a bâté !

La Fontaine.

MOT DIT MODESTEMENT.

(II. 114)

Un jouvencel à dame préſidente
  Étoit venu faire un préſent.
  — Elle vient de ſortir, répondit la ſervante,
  Et ne doit tarder qu'un moment.
— N'importe, donnez-lui, dit-il, à la donzelle,
Ce paquet. — Mais, monſieur, quelle part? Votre nom?
    Alors le compagnon
Lui dit : — Pour vous ſervir, c'eſt Le Vy qu'on m'ap-
    Et puis s'en va. Babet rougit   [pelle.
Et cherche en vain comment tourner ce nom maudit.
Pendant ſon embarras revient la préſidente;
Babet en rougiſſant ſon paquet lui préſente;
Elle connaiſſoit bien & la choſe & le nom,
Mais pour le prononcer, néant; le pourroit-on?
  — De qui ceci vient-il, dit la maîtreſſe?
    Elle queſtionne, elle preſſe :

Babet ne répond point; fon efprit en défaut
Ne lui fourniſſoit rien à dire comme il faut.
— Réponds-moi donc, impertinente.
— Madame, je ne puis fans honte le nommer,
Dit-elle, & vous auriez raifon de m'en blâmer;
Que plutôt jamais je n'en touche,
Qu'un tel nom forte de ma bouche.
— Mais, Babet, quand on veut, l'on nomme, & l'on dit tout;
Il n'eft que façon de s'entendre.
— Eh bien, madame, effayez de comprendre :
Son nom eft la partie avec laquelle on f..

L'AMENDE JUSTE.

(II. 134)

EN faisant sa visite, un évêque assuré
  De l'ignorance d'un curé,
  Lui demanda d'un ton de maître,
Quel âne de prélat l'avoit pû faire prêtre?
L'autre d'un ton humble & civil,
— C'est vous, monseigneur, lui dit-il.

LE SALAMALEC.

(II. 142)

J'AMAIS ne fut nation plus civile
Que la françoife, il le faut avouer.
L'envoyé turc bien pourroit s'en louer
Après l'honneur qu'à Lyon la grand'ville
Des magiftrats en paffant il reçut.
Ces magiftrats crurent frapper au but
S'ils régaloient l'excellence ottomane
D'un compliment en langage ottoman ;
Car, difoient-ils, parler par trucheman
C'eft une mort. En langue mufulmane,
Un mufulman il nous faut faluer.

Le Salamalec.

L'invention leur fembloit mémorable ;
Le point étoit comment l'effectuer.
Où rencontrer un harangueur capable,
Un homme expert dans le falamalec ?
Notez qu'alors tenoit auberge illec
Certain quidam déferteur de mofquée,
De mauvais turc devenu bon chrétien.
— C'eft notre fait, dirent ces gens de bien.
La chofe au fire étant communiquée,
Il l'approuva. — Laiflez faire, dit-il,
François Selim (c'eft ainfi qu'on me nomme) ;
Nul mieux que moi, Dieu merci, ne fait comme
La tête on doit courber jufqu'au nombril,
Rabattre en arc fes mains fur fa poitrine,
Se reculer, s'avancer à propos,
Et cætera. Suffit de ma doctrine ;
Tenez vous fûrs & foyez en repos.
Vous me verrez, à la mode turquefque,
Faire cent tours qui furprendront vos yeux ;
Telle action vous paraîtra burlefque,
Qui cache au fond un fens myftérieux.
Or en ceci, la grande politique
C'eft de me fuivre en tout d'un pas égal ;
Souvenez-vous de cet avis unique :
En m'imitant on ne peut faire mal.

De point en point on promit de le fuivre :
On le fuivit jufqu'au moindre iota.
L'ambaffadeur bien fort s'en contenta.

Mais ce qui plus que tout le tranſporta
Fut qu'un chrétien parlât turc comme un livre.
— Il n'eſt, dit-il, aſſeſſeur du divan
Qui mieux que vous entende notre langue;
— Pas ne vous doit ſurprendre ma harangue,
Répond Selim, je ſuis né muſulman.
— Né muſulman ! vous l'êtes donc encore.
— Moi ? point du tout. Je me ſuis converti,
Et c'eſt le Dieu des chrétiens que j'adore.
— Ah ! par Mahom ! vous en avez menti,
Et muſulman jamais vous ne naquîtes
Ou vous n'avez pas changé de parti.
Je ne puis croire au moins ce que vous dites
Si je n'en vois un ſigne fort précis.
— A moi ne tienne. — Êtes vous circoncis ?
— Vous l'allez voir ! Lors ſa miſère nue
Le compagnon étale à découvert.
Les magiſtrats, à cette étrange vue,
Quoique étonnés, pour n'être pris ſans vert,
Suivant leur guide, imitant ſa poſture,
Firent leur cour en forme & ſans tarder,
Chacun ſelon le talent que nature,
Petit ou grand, lui voulut accorder.

L'ordre fut rare & l'hiſtoire rapporte
Que l'Ottoman ſalué de la ſorte,
Crainte de pis s'en fut ſans dire adieu.
Tout au rebours, les donzelles du lieu
Prirent grand goût à la cérémonie;

Et telle fut leur jubilation,
Que maintenant nulle ne se soucie
De voir, après cette réception,
Ambaſſadeur, s'il ne vient de Turquie.

La Monnoye.

LA FAVEUR PAPALE.

DANS le sacré conclave un prélat limousin,
  Véritable maître Gonin,
  Manœuvra si bien à la sape
Qu'il emporta la place & fut proclamé pape.
  Les habitants du misérable bourg
  Où le pontife avoit reçu le jour
Choisirent dix d'entre eux, pour porter leur hommage
A celui qui, de Dieu sur la terre est l'image,
  Et pour implorer sa faveur.
Le pape limousin leur fit faire grand'chère ;
De lui baiser les pieds ils obtinrent l'honneur,
  Après quoi l'agreste orateur
   De la troupe lui dit : « Saint Père,
   « Vous savez combien est ingrat
   « Le sol de la pauvre contrée,
   « Qui, par votre pontificat,

« Se voit à jamais illuſtrée.
« Un travail rude & redoublé
« N'y produit tout au plus que pour ſix mois de blé,
« Très ſaint père, à telles enſeignes
« Que tout l'hiver nous vivons de chataignes.
« Daignez, par l'abſolu pouvoir
« Que vous exercez ſur la terre,
« Faire en ſorte que ce terroir
« Rapporte, ſans jamais demeurer en jachère,
« Deux bonnes moiſſons tous les ans. »
Le pape répondit : « Mes amis, j'y conſens,
« Et par l'autorité que le ciel m'a donnée,
« Je veux en outre que l'année,
« Qui dans tous les pays n'a que douze mois pleins,
« En ait douze de plus pour mes bons Limouſins.

Van den Zande.

CHEVAUX CHRÉTIENS.

(II. 155)

Un maquignon de la ville du Mans,
Chez son évêque étoit venu conclure
Certain achat de chevaux bas-normans,
Que l'homme saint vantoit outre mesure.
— Vois-tu ces crins? Vois-tu cette encolure?
Pour chevaux turcs on les vendroit au roi.
— Turcs, monseigneur? A d'autres. Je vous jure,
Qu'ils sont chrétiens ainsi que vous & moi.

La Monnoye.

LES CONNOISSEUSES.

(II. 171.)

En veillant une agonifante,
Dame Claire & dame Pafcal
Avoient une noife plaifante,
Sur le propos de l'inftrument vital.
Si l'on en croit madame Claire,
Rien n'eft pareil aux gros bourdons.
Selon dame Pafcal, les longs
Méritent feuls qu'on les préfère.
Comme on s'échauffe à ce propos,
Ramaffant un refte de vie,
La vieille mourante s'écrie :
— O Dieu! les meilleurs font les gros!

AUTRE.

(p. 171)

Deux dames, près d'une rivière,
Parloient d'amour & son jeu.
— Il est bon, ce dit la première;
Mais le plaisir dure trop peu;
Et puis l'action ordinaire
Est si sale après la façon...
— Ma foi, répondit la dernière.
Court & vilain; mais il est bon

LE GOSIER.

(II. 173)

Des mères de famille étant à difcourir
    Sur la douleur extrême [frir,
  Que chaque enfantement leur avait fait fouf-
Une duchefle dit : « Je ne fuis pas de même
« Et vous jure, le fait dût-il vous fembler neuf,
    « Qu'accoucher m'eft plus facile
    « Qu'avaler un jaune d'œuf,
    « — Il faut, répondit Verville,
    « Pour que la chofe ainfi foit,
  « Que madame ait le gofier bien étroit.

Van den Zande.

LA FOURCHETTE DE S. CARPION.

(II. 173)

BLAISE à la joûte élevoit trop sa lance,
Et ne faisoit l'œuvre en bon champion :
Perrette enfin lasse d'être en souffrance ;
Pour consulter, fut à saint Carpion.
— Tu lèveras, dit-il, le croupion,
Puis feras faire au mutin la courbette
Jusqu'au pertuis, avec cette fourchette ;
Le reste après tout seul s'accomplira.
A son honneur Perrette s'en tira.
Si bien qu'au bout de la même semaine
Droit au pertuis le drôle entroit sans peine,

Et de fourchette il n'étoit queſtion.
Perrette alors devers ſaint Carpion
Retourne, avec une légère offrande,
Remercier du ſaint la bonté grande
Et reporter en même temps l'outil.
— Non! garde bien ta fourchette, dit-il.
Après jours gras viennent les jours de jeûne.
Cet inſtrument, qui rabaiſſoit au mieux
L'orgueil de Blaiſe, alors qu'il étoit jeune,
L'élèvera quand il deviendra vieux.

LE DÉJEUNER DU MANANT.

(II. 178)

Roger mangeoit un quartier de pain bis,
Bas, accroupi, les genoux au menton,
Lorsque Margot, qui gardoit ses brebis,
Vit tout à nud dessous son hocqueton
Je ne sçais quoi roide comme un bâton :
Si s'en approche, & lui tendant la main,
Lui dit : — Roger, donne moi de ton pain ;
Et nous ferons tous deux après la fête.
— Mon pain vaut mieux, répondit le vilain ;
Et ne fit rien. Qu'au diable soit la bête !

MELIN DE SAINCT-GELAYS.

AUTRE.

(II. 178)

Robin mangeoit un quignon de pain bis,
 Par un matin, tout petit à petit;
 Et Marion lors gardant fes brebis,
  Qui, ce matin, avoit grand appétit,
Lui dit : — Robin, donne m'en un' petit ?
Et je ferai tout ce que tu voudras.
— Non, dit Robin; ne leve jà tes draps;
Mon pain vaut mieux; & ainfi s'en alla;
Et fi l'avoit auffi gros que le bras.
Ne dût-on pas mener pendre cela ?

Lyon Jamet.

TROP A L'AISE.

(II. 179)

La belle Arsène ayant logé gendarme,
Le jour venu demandait son loyer.
— Diantre, dit l'autre en jurant comme un [carme,
C'est bien plutôt à vous de me payer,
Car je n'ai pu de la nuit sommeiller,
Tant les souris font chez vous de vacarme,
Et tant aussi m'avez fait travailler.
Puis, entre nous, vous chauffez un peu large :
Une autre fois serrez plus le lacet ;
Ce va & vient incessant me blessait :
Je suis peu fait à battre ainsi la charge.
— Vous vous plaignez d'avoir eu trop de marge ?
Brave soldat, votre candeur me plaît.
Vous ignorez sans doute le proverbe ?...

—, Vraiment, dit l'autre, avec un air fuperbe,
D'étudier j'ai ma foi le loifir !
— Eh bien, il dit, brute à manger de l'herbe
Qu'où gêne exifte, il n'efl point de plaifir.

LIBER.

LE COMPROMIS.

(II. 179)

Dame Juſtice a parfois fort à faire
Pour démêler le vrai du faux ſon frère ;
Et je n'en veux aujourd'hui pour témoins
  Que ces deux ſots conjoints,
Qui, ſans raiſon, un matin s'empoignèrent
  Aux cheveux & s'aſſignèrent
Finalement en ſéparation.
Devant l'official s'intentait l'action ;
Or chacun ſait qu'à moins de motifs graves
Celui-ci ne rompt pas les étroites entraves
Dont l'hymen tient par le col enchaînés

Le Compromis.

Ceux que pour cet état il a prédeſtinés;
  Et notre juge à l'humeur indulgente
  Tâchait d'abord d'apaiſer la plaignante,
    Lui remontrait, texte à l'appui,
Qu'un mari peut & doit battre femme aujourd'hui.
    — Si ce n'était que ça, mon juge,
Je ne me plaindrais pas; mais le butor me gruge,
Boit, mange & ne fait rien. Il ronfle inceſſamment;
S'il eſt mâle ou femelle on n'en ſait rien vraiment.
— C'eſt votre époux, ma fille. — Oh! non, c'eſt une ſouche,
  Ça vous met l'eau tout au plus à la bouche
  Et rien après, car le fleuve eſt tari;
  Délivrez-moi, pour Dieu! d'un tel mari,
  Monſieur le juge; en un mot comme en mille
  C'eſt un caſtrat & moi je ſuis nubile.
  Séparez-nous; comme marbre il eſt froid
Et n'en a pas plus long que mon plus petit doigt.
— Et vous, vilaine gueuſe, auſſitôt repart l'autre,
  En lui montrant le fond de ſon chapeau,
Tout juſtement voici la meſure du vôtre.
  C'eſt bien à vous de crier, & ſi haut!
      Et le juge perplexe,
      Trouvant les torts égaux,
      Sans égard pour le ſexe,
Renvoya ſur le champ les plaideurs dos à dos.

                              LIBER.

MOITIÉ A LOUER.

(II. 179)

LE bon Robin qui se mit en ménage,
L'avoit petit, las! que c'étoit pitié;
Et, par malheur, celui de sa moitié
Avoit souffert de maint pèlerinage;
Robin baillant le signe d'amitié,
Du premier coup trop aisément engaîne,
S'en plaint; Catin dit, qu'à cela ne tienne;
Va, mon ami, j'en louerai la moitié.

LA MONNOYE.

LA FEMME PRESSÉE.

(II. 189)

Au rendez-vous, une verte femelle
Croyant trouver son gars, la signora
Six amoureux au lieu d'un rencontra;
— On me trahit; comment faire, dit-elle ?
Je ne comptais m'arrêter qu'un moment,
Ne pensant pas trouver tant de besogne.
Ça donc, messieurs, s'écria la carogne,
Dépêchez-vous; car mon mari m'attend.

LA MONNOYE.

LA SENTINELLE

DANS UN VERGER.

(II. 193)

Dans un verger Lubin avec Nicóle,
Pour n'être pris, tandis qu'il exploitoit,
Contre un pommier tout debout la bricole,
Si que chacun de son côté guettoit.
Or dans le tems que plus il la pointoit,
Nicole pâme, & lors toute éperdue,
Dit à Lubin, qui toujours rabottoit :
— Guette tout feul, car j'ai perdu la vue.

LA MONNOYE.

LA FEMME FIDÈLE.

(II. 236)

Laissez-moi prendre un doux baiser
 Sur cette bouche si vermeille,
  Disoit un chevalier, l'autre jour à l'oreille
 D'une dame portée à ne pas refuser.
— Non, je ne puis, monsieur, vous l'accorder, dit-elle
  Cette bouche que vous voyez
Promit à mon mari d'être toujours fidèle.
Le ferment qu'elle a fait, quoi que vous en croyiez,
En se livrant à vous la rendroit criminelle.
  — Mais il en est bien autrement
   D'une bouche couleur de rose
   Qui ne parle qu'à porte close,
Et qui ne cède point à l'autre en agrément :
   Or celle-ci, pour bonne cause,
   N'a jamais fait pareil ferment.
— Ah! contre mon devoir c'est en vain qu'on me tente :

La bouche qui promit, monsieur, n'est pas mon bien.
Voulez-vous un baiser ? Eh bien, prenez-en trente
    A celle qui ne promit rien.

Caron.
Dans un recueil intitulé : le Cocu consolateur.

L'ESPRIT FORT.

(II. 169)

Il est des cœurs bien faits que rien ne décourage,
Qui, choisissant toujours le parti le plus sage,
Désarment la rigueur des destins ennemis,
Et par des sentiments qu'un fort esprit suggère,
S'élèvent noblement au-dessus de la sphère
   Où leur planète les a mis.
Lise étoit jeune & belle, & son époux Damis
Cachoit sous sa perruque un crâne à cheveux gris.
Lise avoit cent vertus ; Damis étoit bon prince :
Leur parfaite union passoit dans la province
   Pour un miracle de nos jours.

Jamais tant d'agrémens, jamais tant de fageſſe
    Ne firent honneur à Lucrèce;
Et jamais tant de ſoins & de tendres amours
    N'accompagnèrent la vieilleſſe.
Rien ne manquoit enfin à leur félicité :
    Barbe griſe & jeune beauté
Font ordinairement un mauvais attelage;
Cependant tout rouloit ſi bien dans le ménage,
    Qu'au bout de l'an, le bon ſeigneur
    Vit arriver un ſucceſſeur.
Tandis qu'avec plaiſir il élève l'enfance
    De cet aimable rejeton,
    Un jubilé ſurvint en France.
    On ſçait qu'en ce temps d'indulgence
    Chacun demande à Dieu pardon;
    Le pécheur prend la diſcipline,
D'un zèle tout dévot les chrétiens ſont touchés;
    On repaſſe ſes vieux péchés;
Les gros & les petits, tout paſſe à l'étamine.
Aux pieds d'un directeur, la dame un beau matin
    Avec un repentir ſincère
Déclara nettement que le petit Colin
    N'étoit pas le fils de ſon père.
    — Alte-là, dit le confeſſeur,
Pour un confiteor vous n'en ferez pas quitté :
Il en faut deux au moins; ce crime fait horreur!
Faut-il qu'injuſtement votre enfant deſhérite
    Un légitime ſucceſſeur?
    Il faut maintenant vous réſoudre

L'Esprit fort.

A confesser le fait à votre époux ;
    Sans quoi je ne puis vous absoudre.
— C'est m'expofer, dit-elle, à son juste courroux.
    Le beau compliment à lui faire !
Je m'en suis accusée à bien d'autres qu'à vous,
Qui n'ont jamais trouvé cet aveu nécessaire.
— Telle condescendance a damné bien des gens,
    Répliqua le pater : confesseurs obligeans,
    Passent légèrement aux belles
Des péchés dont ils font aussi coupables qu'elles,
Quand à les pardonner ils sont trop indulgens :
Pour moi, je ne sçais point flatter les infidelles.
Elle se lève, part, & fut dès ce moment
    De honte & de douleur saisie.
La pauvrette n'avoit qu'une fois seulement
    Cessé d'aimer fidellement,
Et s'en étoit, dit-on, mille fois repentie.
    La voilà dans un embarras
Qu'on ne peut exprimer. D'un côté l'aventure
    Étoit à digérer trop dure
Pour le feigneur Damis. On craignoit ses éclats
D'autre part, le salut, l'enfer & le trépas,
    Et du confesseur l'ordonnance
    Requeroient telle pénitence.
Il fallut succomber, & d'un mortel chagrin
    Tomber dans une maladie
    Qui lui pensa coûter la vie.
    Sur le rapport du médecin,
Son époux connoissant que la mélancolie

Alloit couper la trame de ſes jours,
  La pria d'en dire la cauſe.
Elle veut l'en inſtruire, & jamais elle n'oſe :
 — Oſe tout, dit-il, mes amours :
Rien ne me déplaira, pourvû que tu guériſſe.
Quoi ! faut-il qu'un ſecret te donne la jauniſſe,
Et qu'une femme meure à faute de parler ?
Cela ſeroit nouveau. — Je vais tout révéler.
Puiſqu'auſſi bien, dit-elle, un trépas favorable
Doit bientôt terminer mon deſtin déplorable.
  J'étois à la maiſon des champs,
   Où je faiſois la ménagère,
Quand la voiſine Alix, par des diſcours touchans,
   Auxquels on ne réſiſte guère,
   Me prouva qu'avoir des enfans
   Étoit à vous choſe impoſſible ;
Me prôna les malheurs de la ſtérilité,
Qui chez les Juifs paſſoit pour un défaut terrible ;
Puis dans un jour charmant me fit voir la beauté
   D'une heureuſe fécondité.
Je me rendis hélas ! à cette douce amorce ;
Et Lucas, le valet de notre métayer,
Avec moi ſe trouvant, un jour, dans le grenier,
Je me ſouvins d'Alix, & je manquai de force.
Il eſt, cela ſoit dit ſans vous mettre en courroux,
A faire des enfans, plus habile que vous.
Je lui parlai d'amour ; il comprit mon langage ;
Et ſur un ſac de bled, ſac funeſte & maudit...
  Faut-il en dire davantage ?

De ce malheureux fac notre Colin fortit.
    A Lucas, je donnai, je penfe,
Quelques boifleaux de bled, pour toute récompenfe.
Si je vous ai trahi, je meurs, pardonnez-moi :
A cela près, toujours je vous gardai ma foi...
— N'eft-ce pas de mon bled, que tu payas l'ouvrage?
Lui répondit Damis nullement effrayé.
Cet enfant eft à moi, puifque je l'ai payé :
    Ne m'en parle pas davantage.
La belle en peu de tems reprit fa belle humeur,
    Son embonpoint, fes lis, fes rofes ;
Colin fut élevé comme un petit feigneur.
A la maifon des champs, on parla d'autres chofes.
Enfin, pour s'épargner d'inutiles ennuis,
    Ces époux ont vécu depuis,
    Comme fi du fac l'aventure
    Étoit chimère toute pure.
    Bel exemple pour les maris,
Dont le chagrin jaloux mérite une apoftrophe.
Damis prit en tel cas le meilleur des partis,
Et foutint cet affaut en brave philofophe :
Des fentimens communs la raifon triompha.
Le train fait plus d'honneur à l'humaine fagefle ;
Et je crois que celui dont l'oracle parla
    Auroit voulu, fçachant cela,
    Être cornard à ce prix-là.

                      CARLES PERRAULT.

LE PÉCHÉ DES QUATRE SAISONS

ou

LE MARI CASUISTE.

(II. 271)

Sur son grabat, Perrette agonisante,
Se confessant tout haut à son époux,
Disait : — Mon fils ! j'ai (soit dit entre nous)
Dans le devoir de femme obéissante,
Pensé souvent à tout autre qu'à vous.
Je m'en accuse & fuis... — Eh ! non, m'amie,
Répond Jannot : vous fîtes œuvre pie.
Lisez *Sanchez!* c'est article de foi,

Et le plaifir en fut plus grand pour moi.
— Ce n'eft le tout, pourfuivit la donzelle.
Certain hiver qu'un foir nous jouions tous
A la main chaude & que madame Anroux
Sans le vouloir éteignit la chandelle,
Je ne fais quoi fe glifla dans ma main
Comme un afpic & qui s'enfla foudain.
Je vous confeffe & vous devez m'en croire
(En ce moment pas ne voudrais mentir),
Qu'à le toucher, fi j'ai bonne mémoire,
Tant était beau, je pris certain plaifir.
Il difparut en voyant la lumière.
Si c'eft péché (ce que je n'ai pas cru),
Je vous en fais confeffion fincère :
Je l'ai touché; mais je ne l'ai pas vu.
— Il n'eft rien là de criminel fans doute,
Dit fon époux, fans paraître furpris.
Que voulez-vous? la nuit tous chats font gris;
Peut-on pécher alors qu'on n'y voit goutte ?
— L'été fuivant l'afpic fe retrouva;
Car m'amufant là-bas fous le feuillage,
Je vis Colin, fur le bord du rivage,
Sortant de l'eau, comme au monde arriva.
A dire vrai, je reconnus fans peine
Certain joyau, fier & de bon aloi,
Pour cet afpic, pour ce je ne fais quoi...
Je m'approchai pour en être certaine.
Si contre vous à l'inftant j'ai péché
Sans le vouloir, ne m'en faites la moue ;

Car cette fois, mon fils, je vous l'avoue,
Je l'ai bien vu, mais ne l'ai pas touché.
— Bon! voir n'eſt rien! toucher eſt autre choſe ;
Et s'il fallait fur objets vicieux
A chaque inſtant tenir paupière cloſe,
Ni jour ni nuit on n'ouvrirait les yeux.
— Une autre fois (nous étions en automne)
Le voiſin Paul vint dans notre preſſoir,
Me trouva ſeule, & c'était vers le ſoir.
Bien me ſouvient que le jus de la tonne
M'avait, hélas! ou du moins la vapeur,
En cet inſtant miſe de bonne humeur.
Il m'embraſſa. Ce n'eſt pas une cauſe
Pour ſe fâcher ; mais j'étais ſans fichu
Et vous ſavez, mon ami, qu'un ſein nu,
Quand il eſt beau, demande quelque choſe.
Il le baiſa, le ſuça, careſſa,
Et ne ſais quoi dans ma main ſe gliſſa...
Je ne dis mot, mon fils ; c'était ma faute,
Mais peut-on voir trahiſon auſſi haute?
Paul non content d'avoir baiſé mon ſein
Au même inſtant ailleurs gliſſa la main.
Or le vin doux m'avait ôté la force...
Le ſcélérat me tenait le bras droit ;
Mon autre main tenait certain endroit
Qui me ſemblait une terrible amorce.
Pour cette fois je le vis & touchai...
Que voulez-vous? Je n'avais plus ma tête
Et j'euſſe pu conſommer le péché

Si vous n'étiez venu troubler la fête.
Il était temps ! vous vîntes juftement...
— Eh bien ! m'amour, c'eft une bagatelle.
Rien ne fut fait. Tu n'es point criminelle ;
Et puis d'ailleurs, c'eft pofitivement
Ce maudit vin qui, brouillant ta cervelle,
T'avait ôté jufques au mouvement...
— Une autre fois... Hélas ! c'eft la dernière,
Et par malheur vous n'arrivâtes pas !
Dans le jardin je prenais mes ébats...
Jean, le mari de notre jardinière,
En cet inftant que les fleurs arrofait,
Sans le vouloir me montra tout fon fait.
Voici que c'eft : fa culotte trop mûre
Se trahiffait par mainte découpure
Et laiffait voir fon inconvénient.
Je l'admirais, hélas ! en le plaignant
Sans dire mot : mais voyez je vous prie,
Son naturel ! plus j'allais regardant
Et plus, de joie, il allait augmentant.
Onc n'avais vu tel chofe dans ma vie !
A dire vrai, nous étions au printemps,
Saifon charmante où tout pouffe & tout lève
Et cet objet bientôt dans tous mes fens
Ainfi qu'aux fleurs fit circuler la fève.
Je me mourais fur un banc de gazon...
Jean accourut, tira vite un flacon,
M'en arrofa, mais non pas au vifage.
Trop bien favait trouver le *qu'y met-on ?*

Moi, je ne pus empêcher l'action,
Car de mes fe s j'avais perdu l'ufage,
Et puis crier dans l'opération
Vous, m'avouerez que c'eût été peu fage.
Mais coupant court à toute occafion,
Pour empêcher déformais qu'il s'y frotte,
Je fus foudain chercher une culotte,
Le suppliant en toute humilité
De mieux cacher fa pauvre humanité.
Voilà, mon fils, ce qui me défefpère ;
Car de ce fait provient notre fillot ;
Il eft à Jean ; Jean, hélas! eft son père :
Son père eft Jean ; vous n'êtes que Jannot.
— Mais la culotte était à moi, je penfe,
Répond l'époux fans paraître effrayé...
— Eh! oui ; pareille à votre habit rayé.
— Va, mon enfant ; meurs en toute aflurance,
Il eft à moi ; puifque je l'ai payé.

Plancher de Valcour.

LE BON JEU.

(II. 283)

JEAN & Paul ayant fait ripaille,
Voulurent tenter le hasard,
En tirant à la courte paille,
Lequel des deux étoit cornard.
Jean tire, & prend la plus petite,
De quoi paroissant tout faché,
Il se débat, peste & s'irrite;
Disant que Paul l'avoit triché.
Sa femme qui n'aimoit querelle,
Voyant son mari tout en feu :
— Ne disputez point, lui dit-elle,
Mon cœur, vous l'êtes de bon jeu.

La Monnoye.

LE PÈLERINAGE.

(II. 306)

Il fut un temps où le peuple rémois
Obéiſſait aux volontés d'un comte.
Le manuſcrit d'où j'ai tiré ce conte
Dit que Thibaut fut le meilleur des rois.
Je le croirais, tout prince champenois
De ſa nature eſt le plus doux des princes.
Pour aſſurer le ſort de ſes provinces
Thibaut prit femme. Il voulut dans ce choix
Qu'Amour l'aidât. Ce n'eſt pas trop l'uſage ;
Mais ſon avis pour entrer en ménage
Ne gâte rien. Auſſi depuis cinq ans

Le Pèlerinage.

Tout fouriait à ces époux-amants
Hors un feul point : ils n'avaient pas d'enfants.
En vain la reine avait pour être mère
Prié le ciel; aumône, argent, prière
Étaient perdus; point d'enfant ne venait.
Souvent l'époufe en fecret en pleurait;
Lorfqu'un abbé, l'aumônier de la reine,
Lui dit un foir : — « Il eft à votre peine
Un fûr remède, & je fuis affligé
Qu'étant fi bon vous l'ayez négligé.
— « Et quel eft-il? à vous je m'abandonne,
Cher directeur. Eft-il befoin d'argent?
Parlez, j'en ai. Pour avoir un enfant
Je céderai, s'il le faut, ma couronne. »
— « Non, dit le prêtre. A la Vierge qui donne
Joie au malheur, grande reine, ayez foi.
Vous connaiffez Notre-Dame de Lieffe;
Seule allez-y, priez, &, croyez-moi,
Vous reviendrez le cœur plein d'allegreffe. »

Le jour fuivant, un rofaire à la main,
La reine à pied fuivait le grand chemin
De Reims à Lieffe. A moitié du voyage,
Elle s'affied fur le bord d'un foffé.
Vient une fille ayant le bras paffé
Dans un panier, fille au riant vifage,
Courant à pied, comme un curé breton.
— « Bonjour, mon cœur; de ce pas où va-t-on? »
— « A Reims, madame. —« Et qu'allez-vous y faire?

— « Vendre ces fruits. — « D'où venez-vous, ma
— « De ce gros bourg qu'on aperçoit d'ici [chère?
Sur la colline. — « Êtes-vous mariée ?
— « Depuis un an, madame, Dieu merci !
Mais à mon tour, seriez-vous point fâchée
Qu'on demandât qui vous êtes auffi ?
— « Je fuis la reine. — « A pied, reine chérie,
Seule & fans fuite où courez-vous ainfi ?
— « Je vais à Lieffe, où la Vierge Marie
Donne un enfant à qui l'aime & la prie.
— « Si c'eft à Lieffe, hélas ! madame a tort ;
Le grand abbé qui les faifait eft mort. »

Le comte de CHEVIGNÉ.

LA VIVANDIÈRE.

(II. 309)

APRÈS qu'Eugène eut les Turcs déconfit,
Milliers de morts, aux plaines de Bel-
[grade,
Gifoient épars. Dépouillement fuivit
Complet & prompt : étoit en embufcade
La vivandière, & regardoit de loin
Ces grands corps nuds étalés fur l'échine;
Mais fe trouvant à peu près fans témoin,
Elle approcha; voit par-tout, examine;
Puis en pitié prenant ces malheureux,
Veut des mieux faits avoir une relique.
La voilà donc moiffonnant parmi ceux
Qui lui fembloient de plus belle fabrique.
Un officier furvint & la gaula :
— As-tu fini, gourgandine inhumaine?
Vraiment, dit-il, à ce petit train-là,

Bientôt fera ta poche toute pleine.
— Par fa bonté, monfieur m'excufera ;
De les garder, je ne fens nulle envie ;
C'eft pour donner à quiconque voudra
Me donner... las! ce gros-là feul en vie

GRÉCOURT.

LA JUSTE PLAINTE.

(II. 312)

Que la nature ait si mal pourvu l'homme,
Dans la longueur de ses bas instrumens;
Et que d'étoffe à des bêtes de somme
Elle ait donné deux ou voire trois pans;
Cela me passe, & voudrois être bête;
Non pour brouter; mais pour mieux faire fête
A ces beautés dont vastes sont les champs.
Quelqu'un croiroit que dans notre brayette
N'avons de quoi bêcher clos de Vénus.
Qu'on le demande à mainte bachelette :
J'en porte assez; mais j'en veux encor plus.

Perette, un mois après son mariage,
Toujours pleuroit & maigrissoit à l'œil;
Tant qu'à dîner, un jour, son parentage
Voulut sçavoir le sujet de son deuil.

— C'eſt, dit enfin la femelle éplorée,
Que gros Guillot a trop petit outil,
Et que par-là très-mal ſuis labourée.
Pour ſoutenir le bon renom viril,
Guillot ſur table étale ſa denrée,
Groſſe, tendue, & fort bien colorée.
Les regardans admirent fort le cas;
Femmes ſur-tout tinrent pour bienheurée
Chrétienne ayant tel mets pour ſes repas.
Elle, pleurant lors de plus grand courage :
— L'ânon petit qui ſe trouve là-bas,
L'a, dit Perette, auſſi long que le bras,
Si n'a-t-il pas encor douze mois d'âge;
Et mon mari, qui compte par-delà
Trente bons ans, n'a pour tout ſon ménage,
Et pour le mien, que le peu que voilà.

LA MÉLANCOLIE DE CATIN.

(11. 312)

Quand je vy la belle Catin
Si trifte avant hier matin,
Je penfay que ce fuft pourtant
Que fa coufine alloit portant
Une robbe auffi defcoupée
Qu'une nymphe ou une pouppée,
Et que pour n'eftre ainfi jolie
Elle fuft en melencolie;
Ou bien que les froides gelées
Qui ces jours font renouvelées
Euffent faict mourir les œillets
Qu'elle tient fi chers & douillets.
Mais quand je la revy arfoir,
Toute feule en un coin s'affeoir,
Laiffant le rire & le danfer
Pour fe recueillir & penfer,

Je vy bien qu'un cas plus mortel
Luy donnoit ce nouveau martel;
Car Catin n'eſt pas volontiers
En un ſoucy trois jours entiers.
Enfin quand, par ma diligence,
J'eu de ſon mal intelligence,
Je ſceus que la pauvre fillette
Ne pleuroit fleur ni violette,
Petit chien, ni tels appetits
Que pleurent les enfants petits.
Hélas! c'eſtoit bien une perte
Pour troubler femme plus experte.
Son père, ſans grande raiſon,
Avoit mis hors de ſa maiſon
Un jeune gars qui la ſervoit,
Qui pour ſa jeuneſſe n'avoit
Pas encore un pied & demi
De ce qu'il faut à un ami.

MELIN DE SAINCT-GELAYS.

1. C'eſt une paraphraſe de l'épigramme XIII, livre VII de Martial : *Accidit infandum noſtræ ſcelus, Aule, puellæ, &c.*

Voici la traduction de la même épigramme par Marot :

C'eſt grand pitié de m'amie qui a
Perdu ſes jeux, ſon paſſetemps, ſa feſte;
Non un moineau ainſi que Leſbia,
N'un petit chien, belette on autre beſte.
A jeux ſi ſots mon tendron ne s'arreſte:
Ces pertes là ne luy ſont malfaiſans.
Vrais amoureux, ſoyez en deſplaiſans.
Elle a perdu, hélas! depuis ſeptembre,
Un jeune amy beau de vingt & deux ans,
Qui n'avoit pas pied & demi de membre.

COMPARAISON.

(II. 312)

La mariée, au fault du lit jafoit
Sur l'inftrument de la paix du ménage.
Et difcourant du marié, difoit :
De fon fetu neuf pouces font l'aunage :
Neuf tout en gros; quelle honte à fon âge !
Car entre nous, il a vingt ans & plus ;
Et notre ânon, qui n'a pas davantage
Que dix-huit mois, porte un bon tiers de plus.

Piron.

LA PRUNE DE L'AUMONIER.

(II. 323)

Notre aumônier de Vauprivas,
Dit quelque auteur, dans quelque ou-
Et si vous croyez que je vas   [vrage
Vous citer le tome & la page,
Vous errez. Je ne voudrais point
Me mettre en souci de ce point.
Cherchez dans la bibliothèque,
Et mettons que notre frocard
Était suffragant de l'évêque
In partibus de Nullepart.

Quoi qu'il eût peint sa rouge trogne
Un peu trop de vin de Bourgogne,
Il avait l'œil brillant & beau,
Un chef hautain, à barbe noire,
Planté sur un cou de taureau,

Un corps à l'avenant & voire
Appétits de toutes façons ;
Bref le plus égrillard des drilles,
Jaloufé de tous les garçons,
Confeffeur de toutes les filles.
Pourvu qu'elles fuffent gentilles
Et vouluffent dire en fecret
Une oraifon qu'il leur montrait,
Il les abfolvait à confeffe,
Dans le temps qu'il faut pour noyer
Le goupillon au bénitier.

Et comme il dépêchait fa meffe !
Dix minutes au maximum ,
De l'*Introït* au *vobifcum !*
Pour lui le plus long de l'office
Était de vider fon calice,
Qui tenait feptier de vin pur.
— « S'il n'eft plein, difait-il, pour fûr
Quelque petit diable s'y gliffe,
Et vous fait mille trahifons. »

Certain jour vint un autre prêtre
Qui devant lui fe vantait d'être
Plus rapide en fes oraifons.
— « Il n'en dit donc rien, ce viédaze ?
Car pour faire court, moi je rafe
Épître, Évangile & *Credo,*
Et dans mon vin ne mets point d'eau. »

A tout il avait repartie ;
Pourtant monſieur le fit quinaut.
De grand matin à ſa ſortie.
Monſieur le reluquait d'en haut
(Monſieur, j'entends monſieur ſon maître,
Monſieur de Vauprivas peut-être,
Qui le regardait détaler).
Où diantre pouvait-il aller,
Dès le crépuſcule, en tournée?
Il allait, pour faire journée,
Pratiquer ſans craindre le frais,
Avec une gaillarde fille,
L'oraiſon Sainte-Triquebille.

De retour quelque temps après,
Monſieur lui dit : — « Chantons-nous meſſe,
Sire René? » — « Pas ce matin ;
En vérité je le confeſſe,
Dans ma promenade au jardin,
Je viens de gober une prune. »
— « N'en avez-vous gobé rien qu'une?
Je vous ai vu, ſire aumônier,
Au pied de l'arbre, ſur la mouſſe.
Sambregoy! vous donniez ſecouſſe
A déraciner le prunier !

Epiphane Sidredoulx.

ÉPIGRAMMES DE GUY DE TOURS

ÉCRITES A L'IMITATION

DU MOYEN DE PARVENIR.

CONTRE UN AVOCAT.

Tu ris de quoy je ne replique
Aux propos dont tu m'as piqué;
Si tu n'eſtois Paralytique
Je t'aurois bien toſt repliqué.

DE C. D.

CATIN a de l'entendement
De ne ſouffrir que l'on la baiſe,
Car par un tel attouchement
On ſçauroit bien qu'elle eſt punaiſe.

A UNE CERTAINE DAME.

Vous en devez estre blasmée
D'avoir fait à table ce pet;
Car beaucoup, & moy par effect,
Sçavons qu'estes fort entamée.

DE LAÏS.

En tout cet univers il n'y a rien qui soit
Plus juste que Laïs; car elle ayme le droict.

DE MARMOT ET DE SA FEMME.

Marmot, ta femme est si jolie
Et de tant de grâces remplie,
Que, si le puissant Jupiter
M'en avoit donné trois de mesme,
J'en don'rois deux à Lucifer
Afin qu'il m'ostast la troisiesme.

COMPARAISON DE LA LUNE

ET DES DAMES.

La lune pâle est moiteuse,
Et la rougeastre est venteuse,
La blanche ayme le temps beau :
Donc à bon droit (ce me semble)
Tout genre de dames semble
A ce nocturne flambeau.

La dame pâle est pisseuse,
La rougeastre est vessisseuse,
La blanche ayme le plaisir
Et toutes, comme la lune,
Aiment la nuict sombre & brune
Pour chevaucher à loysir.

AUX DAMES

QUI FONT PLUS DE CAS DES SOTS
QUE DES HONNESTES HOMMES.

Je ne suis point celuy qui s'emerveille
De voir les sots mieux que les avisez

Eſtre de vous, dames, favoriſez,
Car chaque choſe eſtime ſa pareille.

CONTRE UN POLYPHAGE.

SONNET.

Qui n'a point veu le long de la boutique
De quelque riche & opulent drogueur,
Maint cuir de bouc plein d'huyleuſe liqueur
Ou quelque tonne ou bien quelque barrique,

Vienne œillader la galbe magnifique
D'un gros Daru qui tranche du moqueur,
Bleſſant touſjours de quelque mot piqueur
Les plus parfaits, tant ſa langue eſt inique,

Mais qui a veu revenir des fraiziers
Ces gros crapaux qui à pas lourds & fiers
Traînent leur ventre à peine ſur l'herbage,

Le voye aller, il verra par raiſon
Que le ſujeƈt de ma comparaiſon
Eſt réciproque à un tel polyphage.

D'ARETHUSE.

Tu voudrois donc, belle Arethufe,
Que toute pute fuſt ſans nez ?
Si ces vœux t'eſtoient ordonnez,
Vraiment tu ſerois bien camuſe.

A PACOLET.

Pacolet, tu ne fais que medire de moy
Quelque part que tu ſois ; & moy tout au contraire
De bien dire de toy. Mais j'ayme mieux me taire
Car un chacun ſçait bien que je ments comme toy.

A LUY MESME.

Tu as l'ame ſi jalouſe,
Pacolet, de ton eſpouſe
Et le cœur ſi fort outré
De ce venin, qu'à toute heure
Tu ſouhaites qu'elle meure
Ou bien que je ſois chaſtré.

Guy de Tours.

LE PALLEMAIL

DE BEROALDE DE VERVILLE.

Nous fommes trois paffants qui demandons
[logis,
Au moins pour une nuit, chez vous mefda-
[moifelles,
Et quand nous nous ferons quelque peu rafraifchis,
Du lieu d'où nous venons vous dirons des nouvelles.

Nous venons d'un pays où nous avons appris
Du jeu du Pallemail l'exercice agréable,
Dans les beaux promenoirs de la belle Cypris,
Environnez de fleurs & tous couverts de fable.

Logez-nous s'il vous plaift ; nous vous dirons les lois
Qu'on pratique en ce jeu, l'allée & la manière
Comme le mail doit eftre, & de quel roide bois
La boule peut durer plus longuement entière.

L'allée doit avoir une juſte longueur,
Des bords aux deux coſtez, pour garder que la boule
Ne ſe gliſſe dehors pouſſée de roideur;
Mais prenne le milieu cependant qu'elle roule.

Qu'elle ſoit ferme & ſeiche & dreſſée uniment;
Car ſi elle eſtoit molle elle ſeroit faſcheuſe,
On n'y pourroit mener la boule plaiſamment,
Telle incommodité la rendroit ennuyeuſe.

Que les bords ſoient tondus; car ſi ils s'allongeoient
Lorsque la boule court, ils luy nuiroient à tendre
Au chemin du milieu & ſi la retiendroient
Si bien qu'on ne pourroit aiſément la reprendre.

Il faut pour bien jouer avoir un mail bien fait,
Bien ferme par devant, bien juſte à l'emmanchure,
Autrement il ſeroit à défaire ſubject
Et donner bien ſouvent des coups à l'adventure.

Il le faut aſſez gros & non pas trop auſſi,
Ayant le manche fort & roide de nature,
Le trop long n'eſt pas bon, ny le trop raccourcy;
Mais touſjours le moyen fait frapper de meſure.

Pour la boule, il faut prendre un bois ni ſec ni vert.
De la racine vive il faut qu'on le choiſiſſe
Et le faire durcir en quelque lieu couvert
Pour eſtre fort & ferme & en tirer ſervice.

Le Pallemail.

Quand on fera fourny de tout également,
D'un mail bien amanché, d'une boule bien forte,
Il faudra fe dreffer pour frapper juftement
Et debuter du haut d'une petite motte.

Si on ne frappe droit, on ne fait gueres bien,
Et fi l'on fort dehors on a beaucoup de peine
A fe remettre en jeu, & fi ne fait on rien
Apres qu'on eft forti, fi fur l'herbe on se traîne.

Il fe faut en touchant tenir ferme en fon lieu
Et poufler roide & droit d'une force animée,
En s'exerceant toufjours de prendre le milieu
Pour faire fans tourment en moins de coups l'allée.

Quand on a fait devoir de tirer de grands coups,
Il faut prendre la boule en la leve creufée
Et vifant à l'archet la mettre droit deffous,
Car l'on n'acheve point qu'elle n'y foit paflée.

C'eft le plus grand plaifir que, jouant deux à deux,
Joindre le gentilhomme avec la damoifelle;
Mais faut que l'homme foit fi adroit & heureux
Que donnant avantage il foit auffi fort qu'elle.

Et faut pour cet effet qu'elle poufle fouvent
Conduifant à l'egal toufjours fon avantage;
Toutesfois il eft bon qu'elle n'ait le devant
S'elle veut du plaifir à l'heure du paflage.

Qui veut à ce beau jeu jouer à fon defir
Ne hante lieux publics, mais les maifons honneftes :
Aux lieux par trop communs n'y a pas grand plaifir;
Car on eft empefché des paflans ou des beftes.

Nous vous avons tout dit, s'il vous plaift eflayer
Ce que nous en favons, preftez-nous vos allées,
Nous fournirons du refte & nous verrez frapper
Affez difpoftement dix ou douze paflées.

Et cependant fachez qu'ainfi que de vos mains
Le mail chaffe à fon but cette boule arrondie,
Auffi vos volontez forcent à leurs deftins
Les plus heureux defirs qu'ayons en cette vie.

Et vous y exerceant voyez comme en rondeur
La boule fe tournant eft la certaine image
De cette affection dont l'éternelle ardeur
Fait que nous vous ayons toufjours dans le courage.

L'ALCHEMISTE.

DU MÊME.

On dit qu'en ce païs les dames ont envie
D'entendre les secrets de la philosophie,
Et pourtant moy je veux leur estre serviteur,
Pour ce que, les sachant, des hommes n'ay que faire,
Aux dames seulement je veux dire l'affaire,
Leur montrant par effect de l'œuvre la douceur.

En infinis endroits la matière peut estre,
Qu'il faut diligemment en facultez cognoistre;
Car animale elle est végétant doucement;
Aussi pour subsister sa force est métallique,
Par quoy, triple par soy, sa vertu harmonique
Fait une liaison d'un juste assemblement.

Cette matiere encore est & masle & femelle
Et si n'est rien des deux; mais comme naturelle

Aux deux fexes elle est, avecques fon vaiffeau.
Son alembic auffi eft en une partie,
Sa cucurbite en l'autre & le cyment qui lie,
Pour rien n'evaporer, par le col, le vaiffeau.

Pour la bien préparer, par une flamme douce
Naturelle de foy il faut qu'elle fe pouffe,
Pour fon autre chercher, comme le fer l'aymant :
Les pareils naturels il faut conjoindre enfemble
Par un lien d'amour qui les chofes affemble
De nature excitant le formel mouvement.

Il n'en faut rien ofter de peur de la deftruire,
Mais faut pour s'en aider par un bon fens l'eflire
Et la meurir en foy fans en rien alterer,
Si ce n'eft pour donner vertu à fa fubftance,
Qui dans foy tient de foy, par egale balance
Ce qui luy faut par elle en foy mefme adjoufter.

Qu'elle foit animale, il eft très-neceffaire
Mefme de l'animal pour à l'animal plaire,
Qu'elle foit vegetable il faut pour la nourrir,
Et métallique auffi, affin que fa durée
Ne puiffe en agiffant eftre toft terminée ;
Si elle n'a ces trois, on ne s'en peut fervir.

Ce qu'elle a dedans foy qui toufjours fe vegette
Et la force qui rend noftre effence parfaicte ;
Et l'efprit de ce corps qui la matiere tient,

L'Alchemiste.

Cette matiere en nous est liée & cachée,
Mais par une sensible elle en est arrachée
Et en se vegettant hors du corps l'esprit vient.

Elle n'est pour neant d'animale nature
Car ainsi que vivante en soy mesme elle endure
Et monstre ses effects par agitation,
Ainsi que le metal elle est ferme & conjointe
Et quand de son semblable elle se sent atteinte
Elle affermit son tout par son emotion.

A part elle se tient existant à part elle,
Mais seule & separée elle n'est naturelle
Comme quand elle est une en sa conjonction,
Car adonc le secret de nature se monstre
Et par leur naturel qui force leur rencontre
Se fait reverberant la dissolution.

On joint premierement les qualitez ensemble
Et l'esprit attractif egalement assemble
Pour ne faire qu'un seul ce qui se separoit,
Lors un feu naturel qui la matiere excite
Par un doux mouvement les qualitez incite
Pour allier en un ce qui se desiroit.

Lors pour les calciner les corps on rarifie
Et mettant au plus chaud la plus douce partie
On les fait sublimer au naturel vaisseau;
Puis naturalisant tandis qu'on reverbere

Par inclination l'esprit vient à s'extraire
Du quel au long du filtre il faut distiller l'eau.

Ce faisant il convient resserrer les parties,
Qui en se sublimant se rendroient affoiblies,
Si on ne les pressoit en la conjonction,
Qui en les unissant doucement les enflamme
Tant que dessous l'effect de sa dernière flamme
Soit cogneu le plaisir de la projection.

Pour ces œuvres divers ne faut tant d'artifice
Que pense le commun, mais fortune propice
A ceux qui ont desir d'un tel bien en leurs jours,
Ne faut plusieurs vaisseaux, fourneaux, distillatoires,
Retortes, alembiqs, enfers, sublimatoires, [mours.
Charbon, ny marc, ny bois, mais le doux feu d'a-

C'est assez, voilà tout, hormis l'expérience;
Mais si par ces raisons on ne sçait la science,
Et que quelqu'une vueille en sçavoir jusqu'au bout,
Luy plaise que traitions ensemble la matiere,
Avec un seul vaisseau nous ferons l'œuvre entiere
Et par un instrument nous parferons le tout.

LE MAY.

SONNET.

MAINTENANT que l'Amour renaiſt heureuſement
Et qu'à ce beau printemps il commande qu'on [plante
D'un May long & dreſſé la deſirable plante
Il faut ſuivre l'arreſt de ſon commandement.

J'ai un May long & gros & fort egalement,
Pouſſant devers le haut une verdeur plaiſante,
Qui friſonne ſa cyme en tout temps verdoyante
Et qui ſe peut planter aſſez facilement.

Ma dame, permettez que l'on m'ouvre la porte,
Et je le planteray ſur la petite motte
Qui de voſtre maiſon remarque le milieu;

Je le mettray tout droit deſſous voſtre croiſée
Où en petits friſons la terre relevée
Fait l'endroit plus plaiſant qui ſoit en tout le lieu.

BEROALDE DE VERVILLE.

TABLE DES MATIÈRES

Préface 1
La belle Impéria. 9
Les Cerises 14
Les Cerises 30
Le Médecin banal 40
Messire Alain 42
Le Chapeau 45
Le Bréviaire 46
Le Chanoine & fa Servante 48
L'Entre-Gent 49
La Nonne fçavante 50

Eſt-il bon de tout ſavoir ?	51
Le Médecin rebuté	53
La Cruche	54
Même Sujet	57
La Fille reconnoiſſante	58
Les Pelotons	60
Autre	63
Ardeur opiniâtré	67
Diſtraction	68
La Vettelée	69
Les deux Bouches	70
L'Époux nourrice	73
La Brouſſaille tondue	74
La Savonnette	75
Le Lacet	77
Le Sac du bonhomme	79
Le Tréſor découvert	82
Le Quine	90
Boiſentier	97
Le Cancre de mer	99
L'Andouille	103
Pénitence courte & infaillible	105
La Merde & le Cochon	106
Le Prédicateur	107

Table des Matières. 227

Le Trompette	108
La Chape à l'évêque	112
Le Moine maladroit	114
L'Époux matinal	116
Le Bien mal placé	117
La Femme de bien	118
Le Mot latin	120
Os ou Nerf	122
Les deux Pucelles	123
Nabuchodonofor	125
Autre	130
La Mort civile	131
Autre	132
De par le Roi	133
Sœur Agnès	135
Le Gafcon	137
Le déménagement du Curé	139
La Fille violée	143
Autre	147
Le Malentendu	148
Le pauvre Loup	149
La Dette amortie	150
Le bon Marché	152
Le Confeil fuivi	154

L'Afne baſté.	158
Mot dit modeſtement	159
L'Amende juſte.	161
Le Salamalec.	162
La Faveur papale.	166
Chevaux chrétiens.	168
Les Connoiſſeuſes.	169
Autre.	170
Le Goſier.	171
La Fourchette de faint Carpion	172
Le Déjeuner du manant.	174
Autre.	175
Trop à l'aiſe	176
Le Compromis	178
Moitié à louer.	180
La Femme preſſée	181
La Sentinelle dans un verger.	182
La Femme fidèle.	183
L'Eſprit fort.	185
Le Péché des Quatre Saiſons.	190
Le bon Jeu.	195
Le Pèlerinage.	196
La Vivandière.	199
La juſte plainte.	201

La mélancolie de Catin.	203
Comparaifon	205
La Prune de l'Aumônier	206
Épigrammes de Guy de Tours	209
Le Pallemail	215
L'Alchemifte	219
Le May.	223

ACHEVÉ D'IMPRIMER

Sur les preſſes de Heutte et Cᵉ

Typographes

A SAINT-GERMAIN EN LAYE

Le 20 février 1874

Pour Léon WILLEM, Libraire

A PARIS.

www.ingramcontent.com/pod-product-compliance
Lightning Source LLC
Chambersburg PA
CBHW071950160426
43198CB00011B/1621